AF502376

LES CHIFFONNIERS,

PIÈCE EN CINQ ACTES, MÊLÉE DE COUPLETS,

PAR MM. BAYARD, T. SAUVAGE ET F. DE COURCY,

REPRÉSENTÉE, POUR LA PREMIÈRE FOIS, A PARIS, SUR LE THÉATRE DU PALAIS-ROYAL, LE 4 AOUT 1847.

DISTRIBUTION DE LA PIÈCE.

LICHE-A-MORT, chiffonnier, ...	MM. GRASSOT.
GOBICHON, *Id*. ...	LEMÉNIL.
ROSE, au prologue, 17 ans, femme de chambre. ...	ALCIDE-TOUSEZ.
ENDYMION, chiffonnier, 20 ans ...	HYACINTHE.
LERAT, *Id*., centenaire ...	LHÉRITIER.
TRISTAN, fils de Mme Girardot ...	BERGER.
ROBILLARD, notaire. ...	KALEKAIRE.
UN GARÇON MARCHAND DE VINS ...	LEMEUNIER.
UN CAPORAL. ...	FLORIDOR.
UN DOMESTIQUE. ...	FERDINAND.
UN CLERC. ...	REMY.
Mme GIRARDOT ...	Mmes LEMÉNIL.
BASTRINGUETTE, couturière ...	ALINE.
LA MÈRE BRISEMICHE, marchande à la toilette. ...	LECOMTE.
MANETTE, ouvrière. ...	IRÈNE.
CHRISTINE, fille de Robillard. ...	PAULINE.
UNE SERVANTE. ...	THAÏS.
UNE NOURRICE. ...	PHILIBERT.

CHIFFONNIERS, CHIFFONNIÈRES.

A Paris, en 1827.

NOTA. Les personnages sont inscrits, en tête des scènes, dans l'ordre où ils sont placés relativement aux spectateurs : le premier, à gauche, etc. Les changements sont indiqués par des notes. Toutes les indications de mise en scène sont données de la salle.

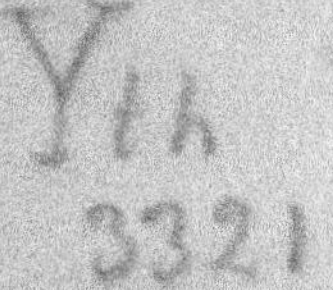

1847

VINGT ANS AVANT,

PROLOGUE-PANTOMIME.

Une place publique. Une maison, à porte bâtarde, à gauche ; à droite, un marchand de vins, et au troisième plan, l'Hospice des enfants trouvés.

SCÈNE I.

UN GARÇON DE CABARET, UN CAPORAL, une Patrouille.

Il fait nuit ; un réverbère éclaire la scène. De chaque côté du théâtre, un mannequin et une lanterne de chiffonnier sont déposés à terre, contre le mur.

Air : *La garde passe, il est minuit.*

Une patrouille entre par la gauche, passe et s'arrête devant la boutique du marchand de vin. — Le caporal appelle le garçon et lui commande de fermer le cabaret. — La patrouille sort par la droite.

SCÈNE II.

LE GARÇON, GOBICHON, LICHE-A-MORT.

Le garçon ferme la boutique et invite deux hommes, en retard, à sortir.

Air : *Allez-vous-en, gens de la noce.*

Gobichon sort sans se faire prier, mais son camarade ne veut pas le suivre. Le garçon entre dans la boutique et pousse Liche-à-mort par les épaules *. Liche-à-mort est ivre et lutte pour rentrer au cabaret.

Air : *A boire, à boire !* **

Le garçon demande son argent. — Gobichon a payé son écot. — Mais, votre camarade ?... — Liche-à-mort se fouille et laisse tomber de sa poche un jeu de cartes : il n'a que ça de monnaie. — Il a donc tous les vices : le vin, le jeu...

----

* Gobichon, Liche-à-mort, le Garçon.
** Gobichon, le Garçon, Liche-à-mort.

SCÈNE III.

Les Mêmes, UNE SERVANTE.

Air : *C'est l'amour, l'amour* *.

Une petite servante du cabaret paraît et invite le marchand de vin à rentrer. — Liche-à-mort veut courir après elle. — Et les femmes !... ajoute Gobichon, en comptant sur ses doigts.

Air : *Vive le vin, vive l'amour.*

Le garçon fait rentrer la servante et insiste pour que Liche-à-mort paye son écot **. — Celui-ci frappe sur ses poches vides. — On se fâche, une dispute va s'engager. — La patrouille reparaît.

Air : *Garde à vous !* ***.

Le garçon se plaint au caporal. — Que faites-vous là ? — Ils montrent leurs mannequins : Nous sommes chiffonniers, nous travaillons la nuit.

Air : *Au clair de la lune.*

Le caporal veut emmener Liche-à-mort ; mais Gobichon promet de payer pour lui. — Le garçon accepte sa caution. — Le caporal s'éloigne avec la patrouille. — Le garçon rentre... et ferme la porte du cabaret.

SCÈNE IV.

LICHE-A-MORT, GOBICHON.

Gobichon essaye de calmer Liche-à-mort et l'engage à l'attendre.... Mais Liche-à-mort chancelle... Gobichon l'assied à terre, à gauche, avec précaution, place sa lanterne à côté de lui, et sort par le fond, pendant que Liche-à-mort se moque de lui et fait le pied de nez.

Air : *Bonsoir, la compagnie.*

SCÈNE V.

LICHE-A-MORT, *seul.*

Liche-à-mort a froid ; il se relève et ramasse ses cartes, en trébuchant.

Air : *Tandis que tout sommeille.*

Il s'assied à terre et commence une partie de cartes, à lui tout seul.

Air : *Pauvre petit qu'il est gentil !* (Renaud d'Ast.)

* Gobichon, Liche-à-mort, la Servante, le Garçon.
** Gobichon, Liche-à-mort, le Garçon.
*** Gobichon, Liche-à-mort, le Caporal, le Garçon.

SCÈNE VI.

LICHE-À-MORT, ROSE, UNE FEMME AGÉE.

Rose sort de la maison à gauche, tenant dans ses bras un enfant nouveau-né, recouvert d'un voile de mousseline. La femme,
qui l'accompagne, lui indique l'hospice des Enfants-Trouvés, et
rentre. — Rose plaint la pauvre petite créature qu'elle va dé-
poser dans la grande maison.

AIR : *O Richard, à mon roi, l'univers t'abandonne.*

Avant de s'en séparer, elle attache un billet sur l'enfant. Liche-
à-mort qui l'aperçoit, remet ses cartes dans sa poche, s'approche
à pas de loup, et lui prend la taille.

AIR : *Mire, dans mes yeux, tes yeux.*

Rose, effrayée, le regarde avec dédain.

AIR : *Tu n'auras pas, petit polisson !*

Liche-à-mort insiste... il prend des airs conquérants.

AIR : *Enfant chéri des dames.*

Il veut l'embrasser ; elle lui donne un grand soufflet, se sauve
en laissant tomber le papier, et entre dans l'hospice.

SCÈNE VII.

LICHE-À-MORT, *puis* UNE NOURRICE.

Liche-à-mort furieux, prend son crochet, poursuit la vertueuse
camériste, mais il s'arrête en apercevant un papier qu'il attrape
avec son crochet ; il le jette dans sa hotte*.

AIR : *Dodo, l'enfant do.*

Entre, par la gauche, une nourrice qui tient un gros poupon,
enveloppé dans une serge ; elle va frapper aux volets du cabaret...
on ne répond pas ; tout le monde dort.... Que faire ? que deve-
nir ? Elle aperçoit Liche-à-mort et va lui demander des rensei-
gnements, lorsqu'elle le reconnaît : C'est lui, c'est lui-même, le
père de l'enfant !... Elle le lui présente : Liche-à-mort, d'abord
vivement ému, prend le poupon : C'est mon sang ! c'est mon
héritier !

AIR : *Que je suis heureux d'être père.*

Puis il le rend à la nourrice. — Gardez-le, remportez-le... je
ne peux pas le garder. — Alors, payez-moi. — Je n'ai pas le sou.
— Vous dépensez tout pour boire, et vous ne gardez rien pour donner à boire à votre enfant. Elle lui met le poupon sur les bras et
se sauve. (*Musique agitée.*)

* Liche-à-mort, la nourrice.

SCÈNE VIII.

LICHE-À-MORT, *puis* ROSE.

Liche-à-mort est fort embarrassé de son enfant ; il l'embrasse le fait rire, le secoue...

Air : *A la papa.*

Il le dépose dans sa hotte, en attendant mieux... et le berce.

Air : *De la berceuse.*

L'enfant crie. —Que va-t-il en faire?... Il se creuse la tête, s'arrache les cheveux ... Je n'ai pas de lait, je n'ai pas le sou.... Enfin une idée lui vient ; il retire l'enfant de sa hotte et le dépose à côté de celle de Gobichon.

Air : *A la grâce de Dieu.*

La femme de chambre reparaît *.

Air : *Des rosières, ah ! ah ! ah !*

Elle pleure, elle se désole, elle cherche un papier très-important, qu'elle a perdu et dont dépend la destinée d'un enfant riche, qu'elle vient de porter aux Enfants-Trouvés. — Liche-à-mort fait l'ignorant et assure qu'il n'a rien vu ; il prend sa lanterne et feint de chercher avec elle **. Rien, rien, rien !...— Rose se trouve mal dans les bras de Liche-à-mort, qui profite du moment pour lui dérober un baiser.

Air : *De ton baiser la douceur passagère.*

Rose revient à elle ; honteuse de se trouver dans les bras d'un homme, elle fait la révérence et rentre dans la maison à gauche.

Air : *De la fricassée.*

SCÈNE IX.

LICHE-À-MORT, *seul.*

Air : *Oh ! je la tiens ! oh ! je la tiens !*

Liche-à-mort retourne à son mannequin, en retire la mystérieuse lettre qu'il ouvre et lit avidement ; puis, il l'attache avec une épingle aux langes de son enfant. A l'aspect de Gobichon, il va se coucher à l'endroit où il était, et feint de dormir.

Air : *Dormez donc, mes chères amours.*

---

* Liche-à-mort, la Femme de chambre.
** La Femme de chambre, Liche-à-mort.

SCÈNE X.

LICHE-À-MORT, GOBICHON *.

Gobichon fait sonner son gousset; on lui a prêté des gros sous. Il entend ronfler Liche-à-mort; il le regarde avec mépris. Quant à lui, pour se mettre à l'ouvrage, il va prendre sa hotte et sa lanterne. Tandis que Liche-à-mort suit avec anxiété tous ses mouvements, Gobichon aperçoit un paquet à terre, il donne négligemment un coup de crochet; effroi de Liche-à-mort! Un cri se fait entendre; Gobichou se baisse, il regarde...

AIR : *C'est un enfant.*

Stupéfaction! Il va réveiller Liche-à-mort, qui se relève en bâillant. À la vue de l'enfant, il fait l'étonné : C'est le ciel qui t'envoie cet orphelin, pour que tu veilles sur lui!... — Gobichon se laisse attendrir, prend l'enfant dans ses bras : C'est sans doute l'enfant d'une grande maison!... Il l'adoptera. — Joie de Liche-à-mort, qui lui montre le papier : Ils lisent ensemble.

AIR : *Un bienfait n'est jamais perdu.*

SCÈNE XI.

GOBICHON, LICHE-À-MORT, LE MARCHAND DE VIN, LA PATROUILLE.

Cependant le jour est venu. La boutique du marchand de vin se rouvre. Gobichon a repris sa hotte, et Liche-à-mort lui met l'enfant sur le dos. L'un part pour le travail, l'autre retourne au cabaret. La patrouille reparaît.

AIR : *Marche des deux aveugles de Tolède.*

Le rideau tombe.

ACTE I.

Une cour avec un hangar, à droite; entrées à droite et à gauche; petite porte à gauche; au fond, un corps de logis; une arrière-boutique.

SCÈNE I.

TRISTAN, BASTRINGUETTE, *ils entrent par la droite* **.

BASTRINGUETTE.

Là, me voilà encore une fois rentrée chez moi... je suis abîmée de fatigue... Et vous, monsieur Tristan ?

* Liche-à-mort, Gobichon.
** Tristan, Bastringuette.

TRISTAN.

Non.

BASTRINGUETTE.

Ah! vous êtes fort, tout de même... Il y a, pourtant, un bon ruban de jarretière de la *Closerie des Lilas* au faubourg Saint-Martin!... Hein?

TRISTAN.

Oui.

BASTRINGUETTE.

Tout près de la rue de la *Fidélité*... Dites donc, gros monstre, on dirait que c'est moi qui l'ai baptisée cette rue-là... Pas vrai, je suis digne d'être sa marraine?...

TRISTAN.

Oui.

BASTRINGUETTE.

Oui!... non!... oui!... Ah ça, beau taciturne, on s'égosille, et vos réponses ont tout juste trois lettres... oui! non!... A ce commerce-là, vous n'userez pas l'alphabet!... Est-ce que vous êtes fâché de m'avoir retrouvée à la *Closerie des Lilas*, où j'allais à votre intention?... Dam! il y avait huit jours que je ne vous avais revu... huit jours!... faut pas jouer ce jeu-là avec une couturière qui se respecte...

Air de *Favart*.

Une fille honnête et sensible
Veut de la réciprocité;
Apprenez, monsieur l'invisible,
Qu' la vertu, la fidélité,
Quand on ne sait pas les comprendre,
Quand ell's n' trouv'nt pas à qui parler....
Sont comm' les gens qu'on fait attendre,
Et qui finiss'nt par s'en aller...
C'est comm' les gens qu'on fait attendre,
Dam', ell's finiss'nt par s'en aller.

Enfin, je retournais, comme une pauvre veuve, dans les endroits où je vous avais rencontré pour la première fois... hein? étiez-vous agréable ce jour-là! — Mademoiselle, voulez-vous me permettre de vous baiser la main, sur la personne de votre menton? — entre deux contredanses... Et puis, plus tard, le lendemain : — Ma petite Bastringuette, quels jolis bras!... ma petite Bastringuette, quelle jolie taille!... ma petite Bastringuette, quels jolis...

TRISTAN.

Eh! vous savez tout ça par cœur!... je ne vous apprendrais rien de nouveau!

BASTRINGUETTE.

C'est égal, allez toujours... j'aime qu'on se répète, moi, quand

c'est gentil !... A-t-il l'air hibou !... c'est peut-être pour ça que
vous vous appelez Tristan ?

TRISTAN.

Oh ! ce nom-là... c'est de naissance... Et vous, Bastringuette ?

BASTRINGUETTE.

Moi, c'est de jeunesse... j'aime le bas... le bal. Mais voyons,
monsieur, pourquoi que vous ne dites rien aujourd'hui ?

TRISTAN.

C'est peut-être parce que j'ai trop de choses à dire... mais il
y a de ces choses...

BASTRINGUETTE.

Avec ça que vous êtes gêné dans vos mouvements, quand vous
voulez !... Voyons, monsieur, pas de manières... vous êtes peut-
être le fils d'un banquier, qui a eu des malheurs... vous n'avez
plus le sou ?... Eh ben ! ni moi... nous partagerons !... Mais riez
donc, gros bêta !... c'est-il pas plus amusant que de se pincer les
lèvres et de jouer à la statue ? Embrass z-moi, et que ça finisse !

TRISTAN, *l'embrassant.*

Elle a raison !... finissons...

BASTRINGUETTE.

Mais pour ça commençons ! qu'est-ce que nous avons sur le
cœur ?

TRISTAN.

Il y a... que je suis forcé de...

BASTRINGUETTE.

Faire un voyage ?

TRISTAN.

Un voyage !...

BASTRINGUETTE.

Dans les départements ?

TRISTAN.

Oui !

BASTRINGUETTE.

Là ! je disais aussi... cet être là a l'air trop distingué... ça ne
peut être que le fils d'un député de province ou... un commis
voyageur.

TRISTAN.

Elle avait trouvé ça tout de suite !

BASTRINGUETTE.

Eh bien ! voyageons !

TRISTAN.

C'est que je ne peux pas vous emmener.

BASTRINGUETTE.

Eh bien ! on se sépare, c'est dur !... mais on se revient, c'est
doux.

TRISTAN.

Mais... si je ne devais plus revenir !...

BASTRINGUETTE.

Ah ! ciel !...

TRISTAN.

Bastringuette !...

BASTRINGUETTE, *tombant dans ses bras.*

Je me meurs !

TRISTAN.

Quelqu'un !

BASTRINGUETTE, *se relevant.*

Silence !

SCÈNE II.

LES MÊMES, LA MÈRE BRISEMICHE.

BRISEMICHE, *sortant de l'arrière-boutique au fond, à droite*[*].
Tiens, v'là mam'zelle Bastringuette !

BASTRINGUETTE.

C'est la mère Brisemiche, la restaurateuse des chiffonniers...

BRISEMICHE, *faisant la révérence.*
Marchande à la toilette.

TRISTAN, *ôtant son chapeau.*

Ah ! diable !

BRISEMICHE, *allant et venant en balayant.*

Vous êtes, comme qui dirait, sortie bien d'à bonne heure, à ce matin, mam'zelle Bastringuette !

BASTRINGUETTE.

Oui... C'était jour de marché aux fleurs, au Château d'eau... j'en deviens.

BRISEMICHE.

Du marché aux fleurs ? (*Regardant Tristan.*) Et v'là celle que vous rapportez... Elle est d'une belle venue, tout de même... j'en retiens de la graine !

BASTRINGUETTE.

N'est-ce pas ?... il est gentil garçon, mon cousin...

BRISEMICHE.

Votre cousin !... excusez... je croyais qu'il était blond.

BASTRINGUETTE,

Il est devenu brun... en Algérie... où il retourne.

TRISTAN.

Permettez, madame...

BASTRINGUETTE, *bas.*

Ne répondez pas... c'est une vipère !... (*Haut.*) Mon cousin, voulez-vous venir prendre cette lettre que j'écris-t-à mon père ?

[*] Tristan, Bastringuette, la mère Brisemiche.

BRISEMICHE.

Vous êtes bien pressée de rentrer... moi, qui avais tant de choses à vous dire d'un pauvre jeune homme...

BASTRINGUETTE.

Connais pas.

TRISTAN.

Quel jeune homme ? *

BRISEMICHE.

Un industriel qui sèche pour elle, qu'il en devient bête, c'est le mot !... Il lui demande son cœur, sa main, et...

BASTRINGUETTE.

Tout ça est placé, madame !... Venez-vous, cousin ?

TRISTAN.

Voilà, cousine !... (*A part.*) Pauvre fille ! allons, du courage, un aveu, et... adieu pour toujours !... (*Saluant la mère Brisemiche.*) Madame !...

BRISEMICHE, *faisant la révérence.*

Comment donc, trop honnête...

ENSEMBLE.

Air : *Fragment des Mousquetaires de la Reine.*

BASTRINGUETTE.

Venez, mon cousin,
Venez donc enfin...
Ne l'écoutez pas
Et suivez mes pas,
Puisqu'il est certain
Qu' vous partez demain,
Jusque là, ma foi,
J' vous veux tout à moi.

BRISEMICHE à *part.*

Ah ! oui ! son cousin !
On a le nez fin...
Je n' l'écoute pas,
Et j'en ris tout bas.
Ils peuv'nt, c'est certain,
Se donner la main...
Après ça, ma foi,
Dam', chacun pour soi.

TRISTAN à *lui-même.*

Il faut dire enfin
L'ordre du destin.
Les pleurs, les hélas !
Ne manqueront pas..
Je dois être enfin
Sage dès demain...
Jusque-là, ma foi,
Mon cœur est à moi.

(*Bastringuette l'entraîne à gauche.*)

* Bastringuette, Tristan, la mère Brisemiche.

BRISEMICHE, *seule.*

Son cousin... oh ! ouiche !... un cousin à la mode d'Algérie...
Après tout, c'te jeunesse a un amoureux ? eh bien ! quoi... ça n'em-
pêche pas d'être sage... pourvu qu'elle ne change pas trop
souvent !... C'est égal ! c'est guignonnant pour ce pauvre petit
Endymion, qui en tient pour elle !... mais bah ! un chiffonnier...
vous me direz que ce n'est pas habitué à rencontrer du neuf !...
Sept heures viennent de sonner à Saint-Laurent... mes pensionnaires ne vont pas tarder de rentrer !... (*On entend, au dehors,
quelques cris de rappel des chiffonniers.*) Tenez, v'là deja l'a-
vant-garde qui sonne la trompette... je reconnais l'organe de
Liche-à-mort et du père Gobichon... Heu ! les gourmands !...
ils flairent l'odeur de la cuisine !... (*Elle rentre dans l'arrière
boutique.*)

SCÈNE III.

MÈRE BRISEMICHE, LICHE-A-MORT, GOBICHON*, *leurs mannequins sur le dos et leurs crochets à la main. Les deux chiffonniers entrent chacun par un côté, en chantant :*

LICHE-A-MORT.
Les yeux de ma Sophie
Sont comme des portes cochères, etc.
GOBICHON.
La rifla, fla, fla, etc.
(*Ils se rencontrent face à face, au milieu de la scène, et s'arrêtent.*)

GOBICHON.

Eh ben ! m'n'enfant, nous v'là rentrés à la caserne... à bas
la giberne et le fourniment !

LICHE-A-MORT.

Et déposez vos... armes. (*Ils posent leurs crochets.*) Ahais !...
la Brisemiche !

BRISEMICHE, *dans la boutique.*

Ahais !... Liche-à-mort !...

GOBICHON.

Aboulons ici... la mère.

BRISEMICHE, *revenant* **.

Eh ! eh !... v'là déjà mes oiseaux de nuit qui demandent la
béquée.

GOBICHON.

Les camarades sont en retard à ce matin !

LICHE-A-MORT.

Faut les attendre, c'est long !... c'est pas tant que j'ai faim...
je n'sais pas comment ça se fait... j'ai jamais faim, moi... mais j'ai
toujours soif.

* Liche-à-mort, Gobichon.
** Liche-à-mort, Gobichon, la mère Brisemiche.

GOBICHON.

Alors, faut manger... ça désaltère.

LICHE-A-MORT.

Tu crois?... (*A Brisemiche.*) Donnez-moi donc voir une miette d'eau d'affe?... (*Brisemiche sort.*)

GOBICHON.

Ah! vieux soiffard... va!... t'es ben surnommé Liche-à-mort!

LICHE-A-MORT.

Avec ça qu'il se gêne pour s'humecter la luette, papa Gobichon!

GOBICHON.

Ça coûte!... T'as pas d'enfant, toi, tu peux faire la vie de garçon *.

LICHE-A-MORT.

Je peux liquider mes revenus. (*A la mère Brisemiche, qui verse à boire.*) Donnez-y en un verre, c'est moi qui régale!... Merci, la mère! **

GOBICHON.

Au lieure que moi, je me trouve père de famille.

BRISEMICHE.

C'est une charge.

GOBICHON.

Une très-mauvaise charge!... Quel garnement!

BRISEMICHE.

Je vous conseille de vous plaindre!... un enfant qu'on se mettrait aux fenêtres pour le voir passer, quand il a sa hotte sur le dos!

LICHE-A-MORT.

N'est-ce pas qu'il est beau mon... (*se reprenant*) son fils!...

GOBICHON.

C'est égal, il y a des jours où il me tanne diablement!... Voilà vingt ans qu'il m'est tombé sur les bras.

LICHE-A-MORT.

De quoi? de quoi? il n'est plus sur tes bras, puisqu'il marche tout seul!

BRISEMICHE.

C'est donc vrai que c'est un enfant trouvé, le petit Endymion?

LICHE-A-MORT.

Un chérubin que le bon Dieu lui a envoyé!...

GOBICHON.

Dans ma hotte!... Encore si je l'avais trouvé sous une feuille de chou, j'aurais fait de la soupe avec.

LICHE-A-MORT.

T'as fait là une bonne œuvre, entends-tu?... Oui, oui, une bonne œuvre...

* Liche-à-mort, la mère Brisemiche, Gobichon.
** Liche-à-mort, Gobichon, la mère Brisemiche.

BRISEMICHE.

C'est-il Dieu possible qu'il y ait des êtres assez je ne sais
qu'est-ce pour charger les autres d'élever leurs faiblesses... de
les nourrir !...

LICHE-A-MORT,

Dam ! c'est plus économique !... Et puis, sa mère n'avait peut-
être pas de lait à lui donner...

GOBICHON.

C'te bêtise ! Est-ce que j'en avais, moi ?

BRISEMICHE.

Et vous l'avez élevé comme le vôtre ?

GOBICHON.

Pardine ! fallait-il pas l'abandonner ce pauvre ange, qui me
tendait ses deux petits bras, que c'était une bénédiction !

BRISEMICHE.

C'est si intéressant un enfant du sexe masculin !

GOBICHON.

Aussi, de ce jour-là, je me suis privé de tout pour lui... Je l'y
ai acheté un biberon... je l'emportais dans ma hotte, et dès qu'il
bougeait, je lui ingurgitais le liquide moi-même, au clair de la
lune !... Et, quand il a grandi, j'ai fait son éducation... je lui ai
appris ce que je savais... je lui ai donné une latte, pour ramasser
les clous dans le ruisseau... Plus tard, je lui ai mis mon état sur
le dos... Il est fégnant, je le gronde, je le corrige ferme....
mais c'est égal...

Air : *Dis-moi mon vieux, etc.*

Vois-tu, je l'aim', quoiqu'il n' soit pas aimable,
Comme un pèr' propre aime son propre fils ;
Je veux qu'il ait son couvert à ma table
Et, comme moi, qu'il soit toujours bien mis.
Il peut toujours compter sur mes largesses...
J' suis incapabl', vois-tu, de le frustrer ;
De mon vivant, il partag' mes richesses...
Et j' lui laiss'rai... ses yeux pour me pleurer.

BRISEMICHE, *s'essuyant les yeux.*

C'est un beau trait, père !... ça me mouille !

LICHE-A-MORT.

Et moi, donc ?... brave et digne homme de Gobichon, va !*...
(*Il le serre dans ses bras.*)

GOBICHON.

Mais ne me secoue donc pas si fort.

LICHE-A-MORT, *avec attendrissement.*

Continue à veiller sur le berceau de cet orphelin, et tu méri-
teras l'estime des honnêtes gens... et, tôt ou tard, tu auras ton
pourboire... (*Changeant de ton.*) Brisemiche, encore un peu

* Gobichon, Liche-à-mort, la mère Brisemiche.

d'eau d'affe. C'est drôle, comme j'ai le gosier sèche quand je m'attendris.

GOBICHON.

Est-il bête, donc ! Je vous demande ce que cela peut lui faire !

LICHE-A-MORT.

Et moi, je te dis que ça me touche. (*Il boit.*)

BRISEMICHE.

C'est pas des gens riches qui feraient une action pareille !...

GOBICHON.

Eux ?... Ah ! ben, ouiche !... Dans toutes les grandes familles, ils mettent leurs mioches au Mont-de-piété, et ils oublient la reconnaissance !... Ça n'a pas de ça !... et, tenez... j'ai une idée... Il est flâneur, loupeur... je ne sais pas qu'est-ce qui lui a fait les jambes...

LICHE-A-MORT.

Elles sont bien faites, ses jambes.

GOBICHON.

Il lui manque...

LICHE-A-MORT.

Quoi donc qu'il lui manque ?... complet !... comme un omnibus !

GOBICHON.

Et moi, je te dis qu'il n'est bon à rien , ce qui est la preuve qu'il est le fils de quelque grande canaille !

LICHE-A-MORT, *à part.*

Canaille !... Il me fait frémir... il y a des moments où on dirait qu'il devine !

ENDYMION, *chantant dans la coulisse.*

Au clair de la lune,
Bel Endymion...

LICHE-A-MORT.

Eh ! tiens ! entends-tu ?... le v'là !... on dirait qu'il est enrhumé.

GOBICHON, *levant son crochet.*

Traînard, je vas t'apprendre !...

LICHE-A-MORT , *le retenant.*

Que je te voie le toucher !... que je te voie !...

SCÈNE IV.

Les Mêmes, ENDYMION, *avec la hotte, le crochet et une lanterne allumée* *.

ENDYMION *entrant.*

Au clair de la lune,
Bel Endymion,
Pour guérir ton rhume
Prends du sucr' candi !

* Gobichon, Liche-à-mort, Endymion, la mère Brisemiche.

BRISEMICHE

Qu'il est beau, cet être là !

LICHE-A-MORT.

Hein ? (*A part.*) Ça flatte !

GOBICHON.

Avance ici, à l'ordre, chenapan !

ENDYMION, *d'un air rêveur et étonné.*

Chenapan !... A qui parlez-vous, monsieur !

GOBICHON.

Monsieur ?... Je suis ton père.

LICHE-A-MORT, *avec un sourire.*

Oh !...

BRISEMICHE.

Oh !...

ENDYMION.

Oh !...

GOBICHON.

Hein !... Pourquoi que tu rentres si tard ? Tenez, tenez, son gaz brûle encore !

ENDYMION.

C'est vrai !... soufflez*.

GOBICHON.

Mange-tout !...

LICHE-A-MORT, *à Gobichon.*

Tu le grondes trop fort, tu l'abrutis, cet enfant... Voyons, petit, le père a raison... faut pas s'attarder comme ça... il y a plus de deux heures que les chats sont rentrés... et nous devons rentrer avec les chats.

GOBICHON.

Paresseux !...

ENDYMION, *le regardant avec dédain.*

Paresseux !... Tenez, en parlant de chats, en voici un, (*il le tire de son mannequin*) dont j'ai fait la connaissance rue Garancière Saint-Sulpice... J'ai pensé qu'il pourrait se rendre utile après sa mort, et je l'ai apporté dans ces lieux. (*Il le remet à la mère Brisemiche.*)

BRISEMICHE.

Oh ! pauvre petite bête !

ENDYMION.

Victime d'un omnibus, à la fleur de l'âge !

LICHE-A-MORT.

Tu vois bien, il s'était attardé comme toi... Et couik !!!

BRISEMICHE.

Toute fraîche tuée... Je vas le mettre à la broche. (*Elle sort.*

* Gobichon, Endymion, Liche-à-mort, la mère Brisemiche.

LICHE-A-MORT.

Ne nous le changez pas pour un lapin !...

GOBICHON.

C'est-il tout ce que tu rapportes à la ruche ?... Fégnant !...

ENDYMION.

Qu'est-ce que vous voulez, mon état m'embête.

GOBICHON.

Hein ?...

LICHE-A-MORT.

Jeune homme, faut pas mépriser l'état de ton père !...

ENDYMION.

Qui, mon père? qui, mon père? le connais-je ! (*A Gobichon.*) Pardon, papa !... Mais c'est plus fort que moi ! depuis que je sais que je ne sais pas quels furent les auteurs de mes jours... je suis devenu pensif... Je rêvasse... Je ne puis pas voir un monsieur bien mis, avec des sous-de-pied... une dame en chapeau... une maison à porte bâtarde... sans me dire en soupirant : C'est peut-être ça !... Aussi, mon crochet me pèse cinq cents... et j'ai de ma hotte plein le dos !...

Air : *Dans un vieux château de l'Andalousie.*

Jugez, d'après ça, du vid' que j'éprouve...
Tout m' manque ici-bas, on me laisse en plan.
Pour me compléter, il faut que je m' trouve
Un papa d'abord, ensuite un' maman.
Comm' baum' souverain à des peines si dures,
M' faut un cœur de femm'... précieux trésor !...
Trouvez donc tout ça dans des tas d'ordures ?
Pauvre chiffonnier, cherche, cherche encor !

LICHE-A-MORT.

Mauvaise voix, mais de l'âme !... (*A part.*) Ça flatte !

BRISEMICHE.

V'là les autres qui arrivent... Vite le tri !... et, après, la soupe !...

SCENE V.

LES MÊMES, LES CHIFFONNIERS, ROSE, *puis* LERAT.

CHOEUR.

Air : *Viv' la joie et les pomm's de terre* (de F. Bérat).

Viv' la joie et les pomm's de terre !
Pour aujourd'hui,
L'extérieur est fini,
Pour manger la soup' chez la mère,
Dépêchons-nous, les amis, d' fair' le tri.

* Gobichon, Endymion, Rose, Lerat, Liche-à-mort, la mère Brisemiche.

ENDYMION.

Quittez vos hottes,
Et puis vos bottes !

GOBICHON.

Viv' les gargottes !

LICHE-A-MORT.

Et le p'tit blanc !

ROSE, *entrant la dernière*.

Me v'là !... moi, pareillement.
Voilà, voilà la petite glaneuse...
V'là la p'tit Ros', surnommé' la p'tit' blagueuse...

TOUS.

Tout l' régiment est au poste, halte-là !
Ah ! ah !

BRISEMICHE.

Madame Rose... Je suis bien la vôtre !...

ROSE.

Madame !... Je suis lasse, je viens du faubourg Saint-Germain.

LICHE-A-MORT.

Salut, petite mère... Comment que se porte votre époux ?

ROSE.

Merci... Il voyage dans la banlieue, pour les peaux de lapin...
C'est un commerce qui baïsse bien depuis la défense de la
chasse !... (*Indiquant sa hotte.*) Qu'est-ce qui m'ôte mon châle ?

BRISEMICHE, *la débarrassant de sa hotte.*

C'est moi ! (*Lerat paraît au fond.*)

TOUS.

Ah ! le père Lerat !...

GOBICHON.

Bonjour, l'ancien.

LERAT.

Oui, mes enfants, père Lerat... qui rentre dans son trou comme
le quadrupède du même nom. (*Donnant un petit soufflet à Endymion.*) Qu'est-ce que nous faisons de ce garçon-là ?...

ROSE.

De ce bel homme ?

GOBICHON.

Lui !... il se plaint toujours.

LERAT.

Qu'est-ce qui lui manque ? il a un bel état.

ENDYMION.

Dame ! chiffonnier !

ROSE.

Eh bien ! qu'est-ce qu'il y a de mieux qu'un beau chiffonnier ?...

---

* Rose, Endymion, Lerat, Gobichon, Liche-à-mort. Les autres chiffonniers au deuxième plan.

LICHE-A-MORT,
Honnête le chiffonnier ! honnête !

ENDYMION.
Ah ! ouiche ! porter la hotte !...

LERAT.
De quoi ? de quoi ? la hotte ! c'est la source de toutes les ver-tus ! Le gant jaune, fégnant ! le banquetier et autres, gueusards ! le bourgeois, pas grand chose ! le juge de paix, rien du tout... mais le chiffonnier !...

LICHE-A-MORT.
Le chiffonnier !

ROSE.
C'est la crême de la société !...

ENDYMION.
La crême !... je trouve que c'est le lait !

GOBICHON.
C'est haut ! c'est fier !...

ROSE.
Fier ! il y a de quoi... il est superbe !... mais, jeune homme, prenez-garde aux écueils du monde... j'ai passé par là... Jeune, fraîche et pas trop déchirée, le monde me tenta !... ah ! oui !... c'est un don bien pernicieux que la beauté des formes !... (*Sou-pirant.*) Ma vie est un roman... Venez me voir, je vous conterai ça... (*Tendrement.*) Je vous conterai ça !

ENDYMION, *la regardant d'un air mélancolique.*
C'est une femme !...

LICHE-A-MORT.
J'aurai un œil sur eux.

TOUS.
Le tri ! le tri !

BRISEMICHE.
Eh bien ! les enfants, la nuit a-t-elle été bonne ? la besogne un peu chaude ?

LICHE-A-MORT.
Aboulez tous !...

GOBICHON, *lutinant Rose.*
Place à la beauté.

ROSE.
Ah ! fichtre ! ne me chatouillez pas ! * (*Les chiffonniers se rangent à droite ; chacun a sa hotte devant lui, de telle façon que le fond est en face du public. D'autres groupes se forment sur le deuxième plan, et pendant la scène, ils se passent mutuellement divers objets.*)

* Endymion, la mère Brisemiche debout, à gauche ; Gobichon, Rose, Lerat, Liche-à-mort, assis à droite.

ENDYMION, *bas à Brisemiche.*

Eh bien ! l'avez-vous vue ?

BRISEMICHE.

Elle vient de rentrer.

ENDYMION.

Seule ?

BRISEMICHE.

Avec un cousin.

ENDYMION.

Pur sang ?

BRISEMICHE.

Dame !

ENDYMION.

Bah !... sait-elle que je l'idolâtre ?

BRISEMICHE.

Pas encore !

ENDYMION.

Ah ! dites-y ! ah ! dites-y !... j'ai le cœur plein, et mes vingt ans commencent à m'embêter, comme le reste.

TOUS.

Endymion ! Endymion !

ENDYMION.

Eh ben ! quoi ? eh ben ! quoi ? (*A part.*) En v'là des êtres qui me suffoquent*.

SCÈNE VI.

LES MÊMES, ROBILLARD.

ROBILLARD, *entrant par le fond.*

Dieu ! quelle maison ! quelle cour des miracles ! Oui, c'est bien là ce que l'on m'a indiqué... (*Haut.*) Dites-moi un peu, braves gens....

TOUS.

Hein ! de quoi ? malhonnête !...

ENDYMION, *aux autres.*

Taisez donc vos goules... il est bien vêtu, cet homme.

ROSE.

Un gros ventre et des besicles !...

ROBILLARD, *avec beaucoup de douceur.*

J'ai dit : *braves gens* ! Et croyez que mes sentiments sont loin de vous être hostiles !

LÉRAT.

Quoi que monsieur demande ?

---

* La mère Brisemiche, Endymion, Gobichon, Rose, Lerat, Liche-à-mort.
** Robillard, Endymion, Gobichon, Rose, Lérat, Liche-à-mort.

GOBICHON.

Qu'est-ce que monsieur réclame?

ROBILLARD.

Je demande des chiffonniers.

GOBICHON.

Ils sont couchés ; c'est pas l'heure.

LICHE-A-MORT, *allant à Robillard.*

Qu'est-ce que vous leur z'y voulez, aux chiffonniers? on ne vous parle pas, on ne vous dit rien, passez votre chemin. (*Il retourne à sa place*).

ROBILLARD.

Mais, mes amis, permettez...

GOBICHON, *même jeu que Liche-à-mort.*

Nous ne sommes pas vos amis... on ne se faufile pas comme ça dans les maisons, dans les domiciles !

LICHE-A-MORT.

Défendu à quiconque de s'introduire ici pendant le tri.

LERAT *aux chiffonniers.*

Fermez vos écrins. (*Tous rejettent les objets dans leurs hottes.*)

ROBILLARD.

Je crois, Dieu me pardonne, qu'ils ont peur qu'on ne les vole !

GOBICHON.

Eh ben ! quand ça serait ? nous sommes des dépositaires...

LICHE-A-MORT.

Tous conservateurs de la richesse publique !...

ROSE, *s'approchant de Robillard.*

Si monsieur avait perdu quéque chose, il serait bien aise de le retrouver.

ROBILLARD.

C'est justement pour ça que je viens.

LICHE-A-MORT.

Ah ! dame ! fallait le dire !

ROBILLARD.

Vous ne m'en donnez pas le temps.

ROSE.

On retrouve quelquefois ce qu'on a perdu.... (*Soupirant.*) Pas toujours !...

ENDYMION *va pour se lever, Rose lui offre galamment la main pour l'aider.*

Et qu'est-ce que monsieur a égaré ?... un chien ?... un objet d'art ?

LERAT *montrant une botte.*

Une botte à l'écuyère ?...

GOBICHON *montrant un chapeau.*

Un chapeau de paille d'Italie ?

LICHE-A-MORT *montrant une seringue.*

Une lorgnette ?

ROSE *lui présentant sa hotte.*
Donnez-vous donc la peine de vous asseoir, gros homme.
TOUS *se levant.*
Asseyez-vous.
ROBILLARD *cherchant à éviter Rose, qui le poursuit avec sa hotte.*
Merci, merci! Il s'agit d'une bague de femme… dans une petite
boîte.

ROSE.
Avec du coton?… Les dames en mettent partout… j'ai été
femme de chambre!
ROBILLARD.
C'est une alliance.

ROSE.
Pas possible! Monsieur va se marier, lui-même? (*Présentant sa
hotte.*) Donnez-vous-donc la peine…
ROBILLARD.
Non, c'est ma fille…

ROSE.
Ah! monsieur établit sa demoiselle?… (*Même jeu.*) Donnez-
vous donc…

LICHE-A-MORT.
Est-elle calée, votre fille?
ROBILLARD, *repassant à gauche.*
Mais je n'ai pas de comptes à vous rendre.
GOBICHON, *aux autres.*
Est-il fier!

ROSE.
Malhonnête!

GOBICHON.
C'est bon, on va vous la chercher, votre bague. (*Il remonte.*)
ENDYMION.
Y aura-t-il une récompense, bourgeois?
ROBILLARD.
Oui, mon garçon. Je vais écrire mon adresse. ** (*Il tire son
portefeuille.*)
ROSE, *bas aux chiffonniers.*
Je suis sûre que c'est un pingre.
ENDYMION.
En portraits?…
ROSE.
Un pingre!…
GOBICHON.
Oui, comme le bourgeois à qui j'ai reporté un bracelet qui pe-
sait deux louis et qui m'a donné cinquante francs!…

---

* Endymion, Gobichon, Lerat, Rose, Robillard. Liche-à-mort.
** Robillard, Endymion, Gobichon, Rose, Lerat Liche-à-mort.

LICHE-A-MORT.

Cinquante francs !... canaille !...

BRI-EMICHE *apportant une grande terrine.*

V'là la soupe, v'là la soupe !

GOBICHON.

La soupe avant tout !

LICHE-A-MORT.

Les bagues après.

TOUS.

A table ! à table* !

ROSE, *s'approchant de Robillard.*

Excusez, bourgeois, ils sont sur leur bouche !

ENDYMION.

Ohais ! je retiens une cuiller ! une grande !

TOUS, *s'asseyant par terre, un peu dans le fond.*

Air : *Quadrille des Étudiants.*
A table ! v'là la soupière !
Prenez vos siég's, mes amis ;
Comme nous dînons par terre
Not' couvert est bientôt mis.
ROSE.
D'abord mangeons la soupe,
Lundi viendra l' fricot.
LERAT.
Vu qu' c'est moi qui découpe,
J' prends la cuiller à pot.

TOUS.

A table ! v'là la soupière ? etc.

SCENE VII.

LES MÊMES, TRISTAN, *revenant par le côté gauche**.*

TRISTAN, *à part.*

Pauvre Bastringuette ! tout est fini ! je ne la verrai plus !

ROBILLARD.

Ah ! mon Dieu ! monsieur Tristan !

TRISTAN.

Monsieur Robillard !... (*A part.*) Mon beau-père ! ah ! diable !

LICHE-A-MORT.

Encore un bourgeois !

ROSE.

Un jeune !

ENDYMION, *soupirant.*

Avec des sous-de-pieds !

* Robillard, Rose, Gobichon, Endymion, Liche-à-mort, Lerat.
** Robillard, Tristan, Rose, Gobichon, Endymion, Liche-à-mort, Lerat.

ROBILLARD, *bas.*

Vous ici !

TRISTAN.

Oh ! je passais... mais vous ?...

ROBILLARD.

Chut !... j'écris une adresse !... (*Il écrit. Tristan regarde les chiffonniers.*)

TRISTAN.

Ah ! miséricorde ! quels truands !

LICHE-A-MORT, *servant Endymion.*

Tiens, mon garçon, fais-toi un estomac.

GOBICHON.

Bon ! c'est ma part !... donne-lui la terrine, ça sera plus tôt fait.

LICHE-A-MORT.

Il faut qu'il mange, cet enfant... il est dans sa croissance... tu ne le nourris pas assez.

GOBICHON.

On voit bien que ce n'est pas toi qui paye.

ROSE.

Tiens ! il ressemble au fils de ma première maison !... (*Soupirant.*) Ah !...

ENDYMION, *regardant Tristan.*

Dire que je devrais être ficelé comme ça ! Dieu de Dieu !... (*Il donne un coup de poing dans son assiette.*)

GOBICHON.

Allons, bon, il m'envoie tout son bouillon dans mon gilet.

UR SEMIGHE.

Ça ne tache pas... C'est un consommé aux choux.
(*Pendant qu'ils mangent, Robillard et Tristan se rapprochent.*)

TRISTAN.

Quelle odeur !... (*A Robillard.*) Que diable venez-vous faire dans cet affreux cloaque ?

ROBILLARD.

C'est pour une alliance, que ma fille a perdue... ils la retrouveront, ce sont de braves gens...

TRISTAN.

Moyennant une récompense honnête ! Vous, qui êtes un notaire philanthrope... un peu communiste, fourriériste, que sais-je ! j'ai cru que vous étiez venu leur rendre une visite... d'ami.

ROBILLARD.

Pourquoi pas ? il y a souvent plus d'honneur, de désintéressement, plus de probité chez ces gens-là...

TRISTAN, *riant.*

Que chez les notaires ?

ROBILLARD.

C'est de la morale !

TRISTAN.

Morale du drame moderne !... Dites donc, ils ne vous ont pas invité à déjeuner ?

ROBILLARD.

Mauvais plaisant ! Je ne suis pas fier, moi... ét la preuve, c'est que... (*S'approchant des chiffonniers.*) Si ces braves gens veulent me permettre de leur offrir... *

LICHE-A-MORT.

Une tournée ?

TOUS *se levant.*

Une tournée !

ROBILLARD *bas, regardant Tristan avec étonnement,*

Une tournée ? (*Haut.*) Va pour une tournée !

TOUS.

Ah !

LICHE-A-MORT, *allant à Robillard.*

Bourgeois, je vous rends mon estime.

GOBICHON, *idem.*

C'est pas pour nous humilier, au moins ?

ROSE.

N'y a jamais d'affront quand on paye à boire.

TOUS.

Ohé ! ohé ! la Brisemiche ?

ROSE.

Une tournée à mort... c'est le gant jaune qui régale...

BRISEMICHE, *apportant un panier avec des verres et une bouteille.*

Vrai ! c'est le... (*Reconnaissant Tristan.*) Tiens ! le cousin.

TRISTAN, *bas**.*

Silence !...

ROBILLARD, *se retournant.*

Hein ?

TRISTAN.

Quoi ?

BRISEMICHE.

Rien... (*Elle remonte et verse à boire.*)

LICHE-A-MORT.

Aboulez, la vieille ! et nous allons régaler le bourgeois, qui régale, en le régalant de la romance des chiffonniers...

ROSE.

Va pour la romance ! roucoulons ***!

---

* Tristan, Robillard, Rose, Gobichon, Endymion, Lerat, Liche-à-mort.
** Tristan, Brisemiche, Robillard, Rose, Gobichon, Endymion, Liche-à-mor, Lerat.
*** Endymion, Robillard, Tristan, Rose, Gobichon, Lerat, Liche-à-mort.

ENDYMION.
A condition que les sous-de-pieds trinqueront avec nous !
TOUS.
Oui, oui.

ROBILLARD.
Permettez, je ne puis...
TRISTAN, *riant.*
Si fait !... (*Aux chiffonniers..*) Il trinquera ! (*Bas à Robillard.*)
Ah ! le vin est tiré, il faut le boire !...
ENDYMION.
Comme ça se dégrade, le bourgeois !... Oh !
TOUS.
Chut !... entame, Gobichon !... (*La mère Brisemiche verse à
deux reprises.*)

RONDE DES CHIFFONNIERS,

GOBICHON

Air *nouveau,* de M. Paul Henrion.

Lèv'-toi, chiffonnier, v'là la lun' qui r'luit !
Fais de la nuit l' jour, et du jour la nuit.
Holà ! holà ! Chiffonniers de Paris,
        En avant, les amis !

        Philosoph's que nous sommes,
        Dans nos trous retirés,
        De c' qu'on appell' les hommes
        Nous vivons séparés.
        Par la pluie ou la g'lée,
        Dans les quatr' coins d' Paris
        Nous prenons notr' volée,
        Avec les chauv's-souris.....
    (*Tous imitent le bruit du vol d'une chauve-souris.*)

Lèv'-toi, etc.

CHŒUR.
Lèv'-toi, chiffonnier, v'là la lun' qui r'luit !
Fais de la nuit l' jour, et du jour la nuit.
        Holà ! etc.

LERAT.
        Vrai gardien de la ville,
        L' chiffonnier crie : au feu !
        C'est lui qui donne asile
        Au Terr'-Neuv' sans aveu...
        Amateur de giblotte,
        Sensibl' pour son prochain,
        Il met l' chat dans sa hotte,
        Et l' pochard dans son ch'min.....

Lèv'-toi, etc.

                Liche-à-mort essuie une larme.)

TOUS.

Lèv'-toi, chiffonnier, etc.

ROSE.

Quand l' chiffonnier s' marie,
Ça s' passe, ordinair'ment,
Vis-à-vis d' la mairie
De son arrondiss'ment.
On s' donne un' premièr' bosse
En buvant d' la liqueur...
Puis, on va fair' la noce
Chez madam' Malaucœur......

Lèv'-toi, etc.

TOUS.

Lèv'-toi, chiffonnier, etc.

LICHE-A-MORT *s'approchant de Tristan pour trinquer avec lui.*

Puis en ch'mis' presque blanche,
L'ouvrage termine,
Le lend'main du dimanche,
A l'Hann'ton couronné
On va par ribambelles,
Déposant les mann'quins,
Boir' des porichin elles,
Manger des arlequins!

(*Parlé.*) Ce qui fait que notre ventre est un vrai bal masqué!...

Un' fois par semain', pour toi l' soleil luit...
Vis au jour le jour, et couch'-toi c'te nuit.

TOUS.

Un' fois par semaine, etc.

TOUS.

Voilà la chose!

ROBILLARD

C'est-très bien! Sans adieu, mes enfants!

TRISTAN.

Vous partez déjà ?...

LES CHIFFONNIERS.

A revoir, notre bourgeois! (*Il se rangent sur deux files à droite et à gauche.*

ROSE, *faisant une belle révérence.*

Messieurs, à l'avantage !...

TRISTAN.

Madame !...

ROBILLARD.

N'oubliez pas la bague... voici mon adresse. (*Il remonte avec Tristan.*)

LERAT, *aux autres.*

C'est un notaire... un homme à plaques !...

ROSE.

Un homme à claques?

LICHÉ-A-MORT.

A blagues !

ROBILLARD, *du fond.*

Comptez sur une récompense ! (*Les chiffonniers accompagnent Tristan et Robillard en reprenant le chœur de la ronde ; Gobichon, Liché-à-mort et Lerat sortent, à droite, emportant leurs hottes.*)

SCÈNE VIII.

BRISEMICHE, *puis* BASTRINGUETTE.

BRISEMICHE.

Na, à c't' heure, il s'agit d'ôter le couvert... c'est fatigant de tenir une table d'hôte !... (*Elle range les écuelles.*) Par bonheur que le bois n'est pas casuel... Azor rincera les écuelles, et il n'y paraîtra plus... (*Apercevant Bastringuette qui arrive, en pleurant, par la gauche.*[*]) Tiens ! la petite voisine ?... Quoique vous avez donc, mamzelle Bastringuette, à pleurer comme ça toutes les larmes de votre corps ?

BASTRINGUETTE.

Oh ! mère Brisemiche, j'ai le cœur gros !...

BRISEMICHE.

Votre cousin, pas vrai ?

BASTRINGUETTE.

Il va se marier.

BRISEMICHE.

Avec une autre ?... (*Elle range à droite.*)

BASTRINGUETTE.

AIR : *Monsieur l'Écrivain.* (Frédéric Bérat.)

> C'était des accès
> D' colère et de rage
> Quand je prononçais
> Le mot d' mariage...
> Et puis, tout exprès
> Pour s' mettre en ménage,
> Tout d'un coup, voilà
> Qu'il me plante là ;
> Sans dir' gar', voilà
> Il m'a planté' là.

BRISEMICHE.

Je connais ça, mamzelle Bastringuette... j'en ai éu aussi de ces liaisons de cœur... en ai-je éu, quand j'étais bouquetière!... adorée des garçons limonadiers... Ah ! dam ! je vous parle du temps où le Palais-Royal était bien composé... on n'y tolérait pas des chiens, des moutards et des bonnes d'enfants... Tout beau

[*] Bastringuette, la mère Brisemiche.

monde, toutes personnes bien mises... et puis, des militaires... des maisons de jeu, etc... C'était le bon temps!... Eh ben! mon enfant, comme vous : (*Chantant.*)

Ils m'ont planté' là...

Alors je m'ai dit : Bon ! je renonce au mariage !...

BASTRINGUETTE.

Oh ! c'est fini, je ne me consolerai jamais... je l'aimais trop !... aussi, mon intention est de rester demoiselle... comme vous !...

BRISEMICHE.

Et vous ferez bien !

BASTRINGUETTE.

Toujours !... (*Changeant de ton.*) De quel jeune homme que vous me parliez donc, à ce matin ?

BRISEMICHE.

Ah ! oui... un être qui vous idole... un garçon rangé... et qui ne travaille que la nuit.

BASTRINGUETTE.

Ah ! mon Dieu ! c'est un boulanger ?

BRISEMICHE.

Au contraire !... un de mes pensionnaires !

BASTRINGUETTE.

Un chiffonnier ?... comme mon oncle Bertrand ?...

BRISEMICHE.

Oh ! Pas un vieux !... un beau !... un beau !... c'est mal mis, mais c'est honnête...

BASTRINGUETTE.

Par exemple !...

BRISEMICHE.

Et puis, amoureux !... il pousse des soupirs à faire des crevasses au mur !...

BASTRINGUETTE.

Pour qui que vous me prenez ?... un chiffonnier ! quel mari !

BRISEMICHE.

Tiens ! c'est pas à la chambre des pairs que vous en trouverez un !

BASTRINGUETTE.

Moi, une couturière !

BRISEMICHE.

Eh ben ! quoi ? vous êtes dans les chiffons, lui de même... vous pourriez être revendeuse à la toilette !

BASTRINGUETTE.

Et courir les rues de Paris comme vous, en criant : Vieux chiffons à vendre ! qui veut des chiffons ?...

ENDYMION, *en dehors*.

O nature ! ô providence !

BRISEMICHE.

Tenez, c'est lui !

BASTRINGUETTE.

Je me sauve !

BRISEMICHE.

Non, restez... la vue n'en coûte rien !

SCÈNE IX.

LES MÊMES, ENDYMION *.

ENDYMION, *entrant par la droite et chiffonnant une casquette.*
Le v'là ! je tiens le portefeuille !... et le secret... (*Il déchire la coiffe.*) C'est ça !... mère Brisemiche, c'est... (*Apercevant Bastringuette.*) Ah !... (*Il reste la bouche ouverte.*)

BRISEMICHE.
Je parlais de vous à mamzelle Bastringuette...

ENDYMION.
Ah ! vous parliez... mais elle ?

BRISEMICHE.
Hein ?...

ENDYMION.
Je dis : mais elle... parlait-elle... de moi, z'elle ?...

BRISEMICHE.
Je lui disais que vous l'idoliez...

ENDYMION.
Oh ! oui... ** le chiffonnier avait osé élever sa lanterne jusqu'à la couturière... sans espoir, jusqu'à cette heure... Mais, tenez, v'là un titre... Pendant que les autres cherchent des bagues... c'est moi qui viens d'en faire une trouvaille, dans ce portefeuille...

BASTRINGUETTE.
C'est une casquette !...

ENDYMION.
C'est le portefeuille de papa... quand je dis papa... Enfin ! depuis pas mal de temps je soupçonnais des cachotteries souterraines dans son couvre-chef, à cet homme. Il était sensible aux renfoncements... mais tout-à-l'heure... j'ai mis la main dessus... et voilà !... lisez, mamzelle Bastringuette, lisez !

BASTRINGUETTE.
Ah ! (*lisant :*) « *Papillier* trouvé-z'avec *Endymillion*, auquel il était *attachez* avec une épingle. »

ENDYMION.
Voyez-vous : Attaché !... et dire que je ne l'ai pas senti !

BRISEMICHE.
Comme ça, *** cette feuille parsemée de taches jaunes... qui moisissait, en silence, dans c'te casquette...

---

* Bastringuette, la mère Brisemiche, Endymion.
** Bastringuette, Endymion, la mère Brisemiche.
*** Bastringuette, la mère Brisemiche, Endymion.

BASTRINGUETTE, *qui lit.*

C'est un titre pour retrouver votre famille... votre mère !...

ENDYMION.

L'adresse ?...

BASTRINGUETTE.

N'y en a pas !...

ENDYMION.

C'est égal !... je suis né d'une femme !... j'ai un état civil... je suis Lindor, ma naissance est connue... c'est-à-dire elle se fera connaître... à partir de ce jour, je vas chercher mes parents à tous les coins de rues !... Oh ! mes parents !... j'ai de grands bras, j'ai de grandes mains, j'ai de grands pieds, j'ai un grand nez, j'ai une grande bouche... Je dois appartenir à une grande famille !... (*Déclamant en grasseyant.*)

> Reviens, ma mègue, je t'a tends,
> Sur la piègue où tu m'a laissé !...

BRISEMICHE, *essuyant une larme.*

Vl'à que ça me r'mouille !

BASTRINGUETTE.

Je n'ai pas d'ambition. Soyez seulement le fils d'un millionnaire et je vous épouse tout de suite !

BRISEMICHE.

Honnête fille !...

ENDYMION.

Eh bien ! oui, ô Bastringuette... Si c'est un trône qui me revient, vous y descendrez avec moi !...

BASTRINGUETTE.

Ça y est !

BRISEMICHE.

Je retiens une place !... (*Elle remonte.* *)

ENDYMION.

Air : *Suzon sortait de son village.*

> A toi, pour jamais, je m'enchaîne !
> J' veux partager tout avec toi :
> Tu s'ras impératrice ou reine,
> Si je suis empereur ou roi ;
> > Suis-je sultan ?
> > Suis-j' capitan ?
> > Tu d'viens sultane,
> > Tu d'viens capitane ;
> > Si j'étais dey,
> > Tu serais deyte ;
> > Tu d'viendras beyte,
> > Si jamais je suis bey !...
> Oui, Bastringuett', tu s'ras pachatte,
> Si le sort veut que j' sois pacha...

* Bastringuette, Endymion, la mère Brisemiche.

En Perse, enfin, si je suis schah,
Alors, tu s'ras ma schatte !
Tu s'ras ma petit' chatte...
Allons, donn' moi la patte !...

SCÈNE X.

LES MÊMES, GOBICHON, LICHE-A-MORT, *puis* TOUS LES CHIFFONNIERS. *

GOBICHON.

Ohé ! ohé ! la bague est retrouvée !...

ENDYMION.

Je m'en fiche pas mal.

LICHE-A-MORT.

A nous deux la récompense !...

GOBICHON.

Qu'est-ce que tu as donc à folâtrer avec ma casquette, toi ?...

ENDYMION.

Tenez, la v'là votre galette !...

LICHE-A-MORT, *la lui mettant sur la tête.*

Coiffe-toi-z'en !

GOBICHON.

Et ma lettre ?... T'as chippé ma lettre !... vaurien !...

BASTRINGUETTE.

Celle-ci ?...

ENDYMION, *la reprenant.*

Excusez !... C'est mes papiers !... C'est mon arbre géologique !

LICHE-A-MORT, *à part.*

Oh ! la lettre esbignée à la femme de chambre !

GOBICHON.

Rends-moi ça !...

ENDYMION.

Jamais !

GOBICHON, *lui donnant un coup de pied.*

Polisson !...

ENDYMION.

Sacristi !...

LICHE-A-MORT, *donnant un coup de pied à Gobichon.*

Pourquoi que tu bats cet enfant ?

GOBICHON, *levant son crochet.*

Sacrelotte ! Finiras-tu !

LICHE-A-MORT, *levant le sien.*

Si tu cognes, je mords !...

* Bastringuette, Endymion, Gobichon, Liche-à-mort, la mère Brisemiche.

LES CHIFFONNIERS.

ROSE, *entrant et se jetant entre eux.* *

Ne vous mangez pas!... (*Endymion remonte.*)

GOBICHON.

Pourquoi qu'il est toujours à prendre la défense de l'enfant?...

LICHE-A-MORT, *s'animant.*

Oui...

GOBICHON.

Il m'arrache les morceaux de la bouche pour lui!...

LICHE-A-MORT.

Oui! oui!

GOBICHON.

Il lui donne mon argent, mes hardes, mes bijoux, tout!

LICHE-A-MORT.

Oui! oui! oui! c'est mon fils...

TOUS.

Hein! comment?

LICHE-A-MORT, *se reprenant.*

Qu'il me rappelle!

BRISEMICHE.

Votre fils! vous avez eu un fils?

ROSE.

C'est si naturel!...

LICHE-A-MORT.

Qui serait de l'âge d'Endymion!...

BRISEMICHE.

Et où l'avez-vous mis? **

GOBICHON.

Hein!... Pardine! dans la grande maison... apparemment!

ROSE.

Ne parlez pas de cette maison!... ça me lève le cœur!

LICHE-A-MORT.

Le même jour où tu ramassas celui-là!...

BASTRINGUETTE.

Il a exposé son enfant!

ENDYMION, *lui donnant un coup de poing.*

Ivrogne! (*Il retourne près de Bastringuette.*)

LICHE-A-MORT.

Ivrogne!... et c'est lui qui... (*A part.*) C'est le châtiment de ma faute! (*Les chiffonniers rentrent.* ***)

LERAT.

Eh ben! eh ben!... vous n'entendez pas neuf heures qui sonnent... C'est là celle de dormir.

* Bastringuette, Endymion, Gobichon, Rose, Liche-à-mort, la mère Brisemiche.

** Bastringuette, Endymion, Gobichon, Rose, Liche-à-mort, la mère Brisemiche.

*** Bastringuette, Endymion, Gobichon, Rose, Lerat, Liche-à-mort, la mère Brisemiche.

ROSE.

Allons nous coucher!...

BRISEMICHE, *en équipage de marchande de chiffons.*

Moi, je vas faire ma tournée dans Paris.

BASTRINGUETTE.

Moi, je vas travailler en ville!

GOBICHON.

Et moi, je vas reporter la bague, chez le notaire!...

ENDYMION, *à lui-même.*

Chez le notaire! j'en suis!... Sans adieu, mam'zelle Bastringuette...(*Baissant la voix.*) Un cœur pour vous, à tout jamais!...
et un trône peut-être!!! (*Il remet sa hotte.*)

BASTRINGUETTE, *lui montrant son crochet.*

Dites donc?... votre sceptre que vous oubliez.

LICHE-A-MORT.

Moi, je vas r'niffler un litre.

LES CHIFFONNIERS.

Reprise du refrain de la ronde.

Couch'-toi, chiffonnier, v'là l' soleil qui r'luit!
V'là qu'il fait grand jour... Allons, bonne nuit!
Bonsoir! bonsoir! Chiffonniers de Paris,
Couchons nous, mes amis!

BRISEMICHE, *sort en criant.*

Chiffons à vendre!

Le rideau tombe.

ACTE II.

Le cabinet de M. Robillard, au rez-de-chaussée. Une fenêtre au fond. A gauche, la porte de l'étude. Appartement à droite. La fenêtre est ouverte et
l'on voit la rue.

SCÈNE I.

ROBILLARD, UN CLERC, *puis* TRISTAN.

LA MÈRE BRISEMICHE *qu'on voit passer, en dehors.*

Chapeaux à vendre!... vieux habits!...

ROBILLARD, *assis à gauche devant son bureau, le clerc debout.*

Eh! vite, vite, tenez le contrat prêt, laissez les dates en blanc,
je les remplirai.

LA MÈRE BRISEMICHE.

Vieux chiffons à vendre!

ROBILLARD.

Fermez donc cette fenêtre. (*Le clerc ferme la fenêtre et sort.*
Le contrat de mariage de ma fille! Je marie ma fille!...

TRISTAN *entrant par la gauche.*

Eh ! mon beau père !...

ROBILLARD.

Tristan !

TRISTAN.

Rebonjour !... pardon ! je suis fatigué ! (*Il s'assied à droite*.)
Comme c'est heureux que vous demeuriez au rez-de-chaussée !...
je n'aurais pas pu monter ! comment va ? Bien ! enchanté ! Et
ma future ?

ROBILLARD.

Bien, très-bien ! et jolie !... Dame, la voilà heureuse ! elle est
comme son père... qui ne sait pas cacher son bonheur !...

TRISTAN.

Bah ! vous êtes philosophe !

ROBILLARD.

Certainement ! ami du pauvre... Je donne trois cent mille
francs à ma fille, en la mariant... Vous avez cinq cent mille
francs, héritage de feu votre père. (*Se levant.*) Eh ! eh ! mon
gaillard, voilà une entrée dans la vie assez douce... c'est trouver
du velours sous ses pas !

TRISTAN *se levant*[**].

Oh !... trente à quarante mille livres de rente... qui est-ce
qui n'a pas cela, dans notre monde ?

ROBILLARD.

On l'a... on l'a... ou on ne l'a pas.

TRISTAN.

On le dépense, du moins.

ROBILLARD.

On le doit alors...

TRISTAN.

Oui... mais comme on ne paye pas, c'est la même chose !...
cela met les biens en commun... et à la portée de tout le monde...
n'est-ce pas votre système ?...

ROBILLARD.

Pas précisément !... Mon système, c'est qu'un chiffonnier est
un homme comme un autre...

TRISTAN.

Plus malpropre !...

ROBILLARD.

Et que je ne refuserais pas de lui donner la main...

TRISTAN.

Avec un gant ?

ROBILLARD.

Mais, quant à mon gendre, comme je veux qu'il soit riche et
qu'il paye ses dettes...

[*] Robillard, Tristan.
[**] Tristan, Robillard.

TRISTAN, riant,

Si vous trouviez un chiffonnier millionnaire, vous lui donne-
riez votre fille ?

ROBILLARD.

Certainement... Allons ! bien ! vous me faites dire des bêtises !...

TRISTAN.

Bah ! vous êtes philosophe !...

ROBILLARD.

Oui, c'est pour ça que je voudrais bien vous voir décidé à travailler !

TRISTAN.

Travailler ?... moi ! c'est bien mon intention !...

Air : Amis, voici la riante semaine.

Administrer tous ses biens... c'est pénible !
Tous les six mois, toucher ses revenus !
Les dépenser le plus gaîment possible...
Song z-y donc, c'est un souci de plus !
Rendre ma femme, en toute circonstance,
Par mille soins assidus, délicats,
Heureuse... oh ! mais, heureuse en conscience...
C'est du travail, ou je n' m'y connais pas !

ROBILLARD.

Cependant, un état...

TRISTAN.

Oh ! beau père, tout ce que vous voudrez, excepté ça !... je n'y
entends rien !.. Écoutez donc, nous sommes philosophes tous
les deux !.. Moi, je suis pour que ceux qui ont de la fortune
laissent le travail à ceux qui n'ont rien !... voilà le communisme
comme je l'entends !...

ROBILLARD.

Ah ! que je voudrais bien voir votre philosophie aux prises avec
le malheur !

TRISTAN, riant.

Et la vôtre donc !... en face d'un gendre en gants de peau de
lapin !...

ROBILLARD.

Allons, décidément, vous n'êtes bon à rien...

TRISTAN.

Qu'à aimer votre fille !... Mais où donc est-elle ?

ROBILLARD.

Chez elle... à se désoler... depuis que son alliance est perdue,
elle est triste ! elle prétend que ça lui portera malheur !...

TRISTAN.

La voici !

SCÈNE II.

LES MÊMES, CHRISTINE, *ensuite* LICHE-A-MORT [*].

CHRISTINE, *entrant par la droite.*

Mon père ! mon père !... viens donc voir ces jolies choses!... Ah !.... monsieur Tristan !...

TRISTAN.

Mademoiselle !... quelle heureuse gaîté ! que me disait votre père ?...

ROBILLARD.

Dame ! je n'y suis plus !...

CHRISTINE.

Oh ! la jolie corbeille !... les beaux diamants !...

ROBILLARD.

C'est donc ça !...

TRISTAN.

L'idée seule de vous voir triste m'avait attristé moi-même.

CHRISTINE.

Oh ! je suis si contente !... vous m'aimez bien ?

TRISTAN.

Vous en doutiez, vous qui êtes ma vie !...

CHRISTINE.

Oh ! non !...

ROBILLARD.

Parbleu !... mais, quand l'amour se traduit en cachemires et en bijoux, on y croit bien davantage!... (*On frappe au carreau, en dehors.*) Qui est-ce qui frappe à ma fenêtre ?...

TRISTAN, *allant ouvrir la fenêtre.*

C'est peut-être quelqu'un qui vient consulter le notaire. (*Ils remontent.*) [**]

CHRISTINE, *apercevant Liche-à-mort.*

Ah ! mon Dieu !...

TRISTAN.

Ne faites pas attention, mademoiselle, c'est un ami de monsieur votre père !

ROBILLARD.

Tristan !... Qu'est-ce que vous faites là, bonhomme ?

LICHE-A-MORT.

Pardon, excuse ! Le père Gobichon, s'il vous plaît !

ROBILLARD.

Qui ?... Gobichon ?

LICHE-A-MORT.

Vous ne connaissez pas Gobichon ? mon camarade Gobichon ? Un gris pommelé comme vous, parlant par respect.

[*] Tristan, Robillard, Christine.

[**] Robillard, Tristan, Christine, Liche-à-mort *à la croisée.*

ROBILLARD.

Que diable voulez-vous qu'il vienne faire chez moi?

TRISTAN.

Passez votre chemin!

LICHE-A-MORT.

Excusez, n'y a pas d'affront... C'est qu'il devait rapporter une bague...

ROBILLARD.

Une bague?

CHRISTINE.

Mon alliance!...

TRISTAN.

Dans une boîte?

LICHE-A-MORT.

Avec du coton! mais il reviendra... je repasserai... ne faites pas attention! (*Chantant.*)

J' m'en vas boire un coup
Dans l' cabaret d'en face.

(*Il disparaît, sa voix se perd; Tristan ferme la fenêtre.*)

ROBILLARD[*].

Ta bague est retrouvée! (*A Tristan.*) Vous voyez que ce sont des gens honnêtes...

TRISTAN.

Il y en a partout!... honnêtes... comme la récompense!

CHRISTINE.

Cette figure m'avait fait peur, comme un mauvais présage!... (*Le clerc entre, un papier à la main[**].*)

ROBILLARD.

Ah! monsieur Dupuis, si l'on vient me demander... un homme du peuple...

TRISTAN.

Avec une hotte...

ROBILLARD.

N'importe! vous le ferez entrer... (*Regardant le papier.*) Qu'est-ce que c'est que ça?

LE CLERC, *indiquant Tristan.*

C'est monsieur, qui...

TRISTAN.

Oui, c'est que je viens d'apporter... (*Le clerc sort.*) Un papier que vous aviez demandé à ma mère... je ne sais quoi.

ROBILLARD.

Ah! oui... son contrat de mariage, pour une date...une erreur à rectifier.

[*] Tristan, Robillard, Christine.
[**] Le clerc, Robillard, Tristan, Christine.

CHRISTINE.

Mais, j'oubliais de vous dire... * On m'envoie des dentelles... qu'il faut que vous choisissiez pour ma robe de noce.

ROBILLARD.

Moi, par exemple!... Tiens, choisis cela avec monsieur Tristan... voilà une occupation qui lui convient...(*Il s'assied et lit le contrat.*)

TRISTAN.

Des dentelles?... voyons... Une occupation avec vous, Christine? c'est tout ce que je veux!

CHRISTINE.

Comme moi, avec vous!... (*Appelant vers la droite.*) Venez, mademoiselle, venez.

SCÈNE III.

LES MÊMES, BASTRINGUETTE. *Bastringuette entre, un carton à la main. — Robillard est à gauche, assis à son bureau, lisant le contrat.—Tristan, sans faire attention d'abord à Bastringuette, se rapproche de Christine.* **

TRISTAN.

Ma chère Christine, c'est à vous, qui êtes le goût et la grâce même...

BASTRINGUETTE, *ouvrant le couvercle.*

Voici, mademoiselle...

TRISTAN.

C'est à vous de choisir.

CHRISTINE.

Non... puisque je veux vous plaire!

BASTRINGUETTE.

Quels tourtereaux!...

CHRISTINE.

Apportez, et montrez les dentelles à mon futur...

TRISTAN.

Voyons !

BASTRINGUETTE.

Monsieur, c'est... *** (*Le reconnaissant.*) Ah!

TRISTAN, *de même.*

Oh !...

ROBILLARD, *se levant.*

Hein ?

CHRISTINE.

Quoi donc?...

* Robillard, Christine, Tristan.
** Robillard, Christine, Tristan, Bastringuette.
*** Robillard, Christine, Bastringuette, Tristan.

TRISTAN.

Rien... c'est mademoiselle qui a poussé un cri...*

BASTRINGUETTE.

C'est que monsieur... m'a marché sur le pied.

ROBILLARD.

Il vous a blessée?

BASTRINGUETTE, *la main sur son cœur*.

Un peu!... quand on ne s'attend pas...

ROBILLARD, *à Tristan*.

Dites donc... elle est très-bien la fille du peuple!... on ne trouve la fraîcheur que là!

TRISTAN.

Regardez donc votre fille!... (*Christine s'approche de Bastrin-guette, prend la dentelle et revient à sa place.*)

ROBILLARD.

Et puis, l'air modeste... Je suis sûr que c'est vertueux!...

TRISTAN.

Vous croyez?... (*A part, riant.*) Ce que c'est que les préjugés!... (*Robillard reprend sa lecture.*)

CHRISTINE.

Voici... monsieur Tristan, les dentelles que vous m'avez données**... laquelle me conseillez-vous de mettre?...

Air : *de Fleurette.*

C'est vous qui les avez choisies...

TRISTAN, *un peu déconcerté.*

La plus jolie... assurément,
Vous convient... (*Il lui baise la main.*)

CHRISTINE *souriant.*

Laissez vos folies...
Quand toutes les deux sont jolies...

TRISTAN.

Le choix devient embarrassant.

BASTRINGUETTE, *émue.*

Alors... on s' conforme à l'usage...
La plus riche est de meilleur goût...
Elle doit avoir l'avantage...
Parce qu'en fait de mariage,
La richesse passe avant tout!

La beauté sans le sou... ah bien oui!... c'est comme la fidélité, on s'en moque!... (*Avec dépit.*) Mais la fortune!... (*baissant la voix*) ces messieurs aiment les tableaux vivants... mais ils ne peuvent pas souffrir l'amour tout nu!

CHRISTINE.

Vous dites?...

* Christine, Robillard, Tristan, Bastringuette.
** Robillard, Christine, Tristan, Bastringuette.

TRISTAN, *s'efforçant de rire.*

Elle est folle!...

BASTRINGUETTE, *éclatant de rire.*

Ha! ha! ha!... c'est vrai!... je suis folle!... je vais vous parler de... (*Reprenant son sérieux.*) Voici ce que je vous conseille de prendre *, moi.

CHRISTINE.

Vous trouvez?... (*Elle examine les dentelles.*)

BASTRINGUETTE, *pendant qu'elle les examine.*

Un dessin... (*Bas à Tristan.*) Qui fuit...

TRISTAN, *bas à Bastringuette.*

Au fait!... ah! quelle peur!...

BASTRINGUETTE, *de même.*

Soyez donc tranquille! moi qui ne ferais pas de la peine à un serin!... **

CHRISTINE.

Qu'en dites-vous, mon père?...

ROBILLARD.

Ah! mon Dieu!

CHRISTINE.

Qu'avez-vous?... quel air inquiet!...

ROBILLARD, *se levant.*

En effet, mon enfant... inquiet... oui, je le suis... beaucoup...

TRISTAN.

Vous, monsieur?... Est-ce ce contrat?...

ROBILLARD.

Ce contrat... (*A part.*) Ce n'était pas une erreur de date!... (*Haut.*) Dites-moi... j'attendais votre mère...

TRISTAN.

Elle devrait ici... mais elle a ses vapeurs!...

BASTRINGUETTE.

Pardon... je suis pressée... la noce est pour demain...

ROBILLARD, *préoccupé.*

Oh! la noce... la noce... peut-être...

CHRISTINE.

Que dites-vous?...

TRISTAN.

Monsieur!...

BASTRINGUETTE, *vivement.*

Est-ce que c'est manqué?

ROBILLARD.

Je ne dis pas ça, mais...

Mme DE GIRARDOT, *en dehors.*

Oui... mon fils!... c'est bien!

---

* Robillard, Christine, Bastringuette, Tristan.
** Christine, Robillard, Tristan, Bastringuette.

TRISTAN.

Ah!... ma mère !

ROBILLARD.

Enfin !...

SCÈNE IV.

LES MÊMES, Mme GIRARDOT, ensuite ROSE. *

Mme GIRARDOT.

Les voilà tous réunis!... Bonjour!... j'arrive tard... j'ai les nerfs agacés jusqu'aux orteils!...

BASTRINGUETTE, à part.

Sa mère!... cette pincée!...

Mme GIRARDOT, embrassant Christine.

Un baiser, mon ange!... (Tendant la main à Robillard.) Mon cher notaire **.... Eh mais, qu'avez-vous donc tous?...

TRISTAN.

C'est que monsieur Robillard...

ROBILLARD.

Je désirerais causer un instant avec vous.

Mme GIRARDOT.

Avec moi?... quand vous voudrez...

ROBILLARD, à Christine.

Va, mon enfant... (Il fait signe à Tristan de s'éloigner.)

Mme GIRARDOT, gaiement.

Comment? c'est un tête à tête!...

BASTRINGUETTE, à part.

Oh! il n'est pas dangereux, le vieux!...

ENSEMBLE.

Air : De Mila ou l'Esclave. (Thys.)

Il faut que chacun se retire,
Et qu'on les laisse tous les deux...
Eh ? mais qu'a-t-il donc à lui dire,
Que va-t-il se passer entre eux ?

Mme GIRARDOT.

Il veut que chacun se retire,
Et qu'on nous laisse tous les deux...
Que peut-il avoir à me dire?
Mon Dieu! quel air mystérieux!

(La musique continue. On frappe au carreau en dehors, tout le monde s'arrête.)

ROBILLARD, ouvrant la fenêtre.

Allons! qu'est-ce encore?... (Rose paraît à la fenêtre, avec sa hotte sur le dos et son crochet à la main.***)

* Robillard, Christine, Mme Girardot, Tristan, Bastringuette, 2e plan.
** Robillard, Mme Girardot, Christine; Tristan, Bastringuette, 2e plan.
*** Mme Girardot, Tristan, Rose, Christine, Bastringuette.

ROSE.

Le père Gobichon, s'il vous plaît?...

ROBILLARD, *avec impatience.*

Gobichon! Gobichon!... Est-ce que vous me l'avez donné à garder?...

CHRISTINE, *avec effroi.*

Oh! ces figures-là me porteront malheur!...

ROSE.

C'est pour la récompense...

ROBILLARD.

Eh! allez-vous promener... (*Il lui ferme la fenêtre au nez.*)

ROSE, *donnant un coup de crochet dans le carreau.*

Malhonnête!

TRISTAN.

Ah! votre amie!...

REPRISE ENSEMBLE.

Il faut que chacun se retire,
Et qu'on les laisse tous les deux!...
Eh! mais qu'a-t-il donc à lui dire?
Que va-t-il se passer entre eux?

Christine et Bastringuette sortent à droite, Tristan à gauche.

SCÈNE V.

ROBILLARD, Mme GIRARDOT. *

Mme GIRARDOT, *s'asseyant.*

Vous permettez, n'est-ce pas?... j'ai mes vapeurs, ce matin.

ROBILLARD, *apportant un fauteuil.*

Mon Dieu! j'ai peur de les augmenter!...

Mme GIRARDOT.

Mes vapeurs?... méchant!... asseyez-vous, et contez-moi ça... (*Robillard s'assied.*) Il s'agit?...

ROBILLARD.

D'une chose... assez singulière... vous savez que je n'ai pas de préjugés... j'ai promis à votre mari d'unir nos enfants... je tiendrai ma parole, quoique votre fils soit un peu paresseux.

Mme GIRARDOT.

Lui? non... il ne veut rien faire, voilà tout. C'est une mode.

ROBILLARD.

Je passe là-dessus!... quant à sa naissance...

Mme GIRARDOT.

Son père était noble, monsieur.

ROBILLARD.

Soit... je n'y tiens pas... mais ça ne gâte rien... cependant...

* Mme Girardot, Robillard.

Mme DE GIRARDOT.

Eh bien?...

ROBILLARD.

Eh bien!... diable! je ne sais comment vous dire... (*A part.*) C'est plus difficile que je ne croyais...

Mme GIRARDOT.

Il tremble comme un amoureux qui fait une déclaration!... Jeune homme, du courage!

ROBILLARD.

Eh bien! oui... j'en aurai!... vous êtes si bonne!... (*Il se rapproche.*)

Mme GIRARDOT, *souriant.*

Pas si près!

ROBILLARD.

Je tiens, du moins, à une naissance... régulière...

Mme GIRARDOT.

Vous dites?...

ROBILLARD.

Je dis qu'il y a, dans l'acte de naissance de Tristan une erreur... de date, sans doute...

Mme GIRARDOT, *troublée.*

Monsieur!

ROBILLARD.

Car, autrement, votre contrat de mariage serait postérieur...

Mme GIRARDOT, *poussant un grand cri.*

Ah! (*Elle tombe renversée sur son fauteuil.*)

ROBILLARD, *se levant.*

Grand Dieu!... Madame!... Elle se trouve mal... au secours! ma fille...

Mme GIRARDOT, *s'élançant pour l'arrêter.*

N'appelez pas!

ROBILLARD.

Vous êtes mieux?...

Mme GIRARDOT.

Quelle blessure vous avez rouverte!... quel aveu vous exigez de moi!...

ROBILLARD.

Permettez... je n'exige rien!...

Mme GIRARDOT.

Si fait! vous devez tout savoir... vous saurez tout!.. (*Lui tendant son flacon.*) Tenez.

ROBILLARD.

Ce flacon... pourquoi?...

Mme GIRARDOT.

Pour me le mettre sous le nez, si je me trouve mal.

ROBILLARD.

De grâce!... je serais désolé...

Mme GIRARDOT, *élevant la voix.*

J'avais dix-huit ans... j'étais belle, sensible, et couturière.

ROBILLARD.

Vous !

Mme GIRARDOT.

Moi... là, coup sur coup, c'est plus tôt dit !...

ROBILLARD.

Eh bien ! il n'y a pas de mal... comme je le répétais tout à l'heure à votre fils... une couturière a de la vertu ! ..

Mme GIRARDOT.

Vous n'y êtes pas !... j'avais une vertu... ah ! oui ! qui avait résisté à toutes les séductions de la jeunesse et de l'âge mur !... lorsque... Hippolyte parut ! ..

ROBILLARD.

Hippolyte !...

Mme GIRARDOT.

C'était un tiers d'agent de change !... il ne put me voir sans m'aimer !... Je repoussais ses hommages .. mais il menaçait de mourir de son amour... Je vous ai dit que j'étais sensible, et...

ROBILLARD.

Et ?...

Mme GIRARDOT, *baissant les yeux.*

Il m'avait promis de m'épouser !...

ROBILLARD.

Ah !...

Mme GIRARDOT.

Malheureusement il avait le bonheur d'être un peu noble, ce qui m'était bien égal, et très-riche, ce qui me flattait davantage... mais sa famille, fière et implacable, ne voulut jamais lui permettre de tenir la promesse qu'il m'avait faite... et à laquelle j'avais cru... imprudente !...

ROBILLARD.

J'entends, il était mineur !

Mme GIRARDOT.

Comme moi !... Sa mère, effrayée de son amour et de son désespoir, le fit partir pour Londres... et ce fut pendant cette cruelle absence que mon fils...

ROBILLARD.

Votre fils !.. (*Elle est retombée comme évanouie.*) Madame... revenez à vous !... (*Il lui met le flacon sous le nez.*)

Mme GIRARDOT, *sanglotant.*

Que mon fils vit le jour !...

ROBILLARD.

Je comprends.

Mme GIRARDOT,

J'avais caché ma faute... chez une femme discrète qui avait reçu ma confidence, lorsque j'appris que la mère d'Hippolyte

avait fait suivre mes traces et voulait me faire enlever le fruit
d'un amour... trop heureux !... Ce pauvre Tristan, que son malheur avait baptisé !... lui, mon seul bien, mon unique espoir !
me l'enlever !

ROBILLARD.

On aurait osé ?...

Mme GIRARDOT.

Tout !... Alors, je cédai à des craintes, à des conseils... je lais-
sai porter mon fils dans cette maison... que l'humanité a ouverte
à ses erreurs !...

ROBILLARD.

Pauvre orphelin !... vous vous sépariez de lui ?...

Mme GIRARDOT.

Pour le sauver !... j'attachai moi-même, à cet ange, une lettre
écrite de ma main et dont tous les mots sont restés gravés là !...
afin de le retrouver plus tard...

ROBILLARD.

C'est égal ! j'aurais toujours eu peur de le perdre !

Mme GIRARDOT,

Que voulez-vous ? j'étais si malheureuse !... un mois après,
son père était de retour, il réclamait, il rapportait mon fils dans
mes bras !...

ROBILLARD.

Je conçois, grâce à la lettre...

Mme GIRARDOT.

Oh! la lettre... ne se retrouva pas...

ROBILLARD.

Ah ! mon Dieu !

Mme GIRARDOT.

Mais le jour... l'heure .. Et puis le cœur d'une mère ne se
trompe jamais! Que vous dirais-je ? maître enfin du consentement
de sa famille, Hippolyte le reconnut par un acte en forme...

Air : Vaudeville de la Somnambule.

Alors, plus de crainte importune...
A notre fils, en m'épousant,
Il assura son nom et sa fortune.

ROBILLARD,

Après tout, c'était son enfant,
Il n'a signé que son ouvrage ;
(A part.)Nous en avons tant d'autres, sous la main,
Qui, même après le mariage,
En font autant... pour l'amour du prochain !

Mme GIRARDOT.

Voilà tout mon secret... voilà comment il se fait que l'enfant
fut antérieur au mariage !...

ROBILLARD.

De tout cela, je ne veux me rappeler qu'une chose ; c'est que

3.

le père de Tristan fut votre mari !... et que je lui ai promis, pour
son fils, la main de ma fille !...

SCÈNE VI.

LES MÊMES, TRISTAN *.

TRISTAN, *entrant en riant et au bruit des éclats de rire, en dehors.*
Monsieur Robillard !

ROBILLARD.

C'est lui !

Mme GIRARDOT.

Mon fils ! (*Bas.*)Silence ! il n'a jamais rien su! (*Haut.*) Tristan,
embrasse-moi !

TRISTAN, *étonné.*

Avec plaisir, ma mère !... Qu'y a-t-il donc? (*Reprenant sa
gaieté ; à Robillard.*) Pardon, ce sont... vous savez... les porte-
hottes !... on ne voulait pas les laisser entrer... mais je vous les
amène, avec armes et bagages !... (*Les chiffonniers paraissent,
on rit dans la coulisse.*)

Mme GIRARDOT.

Ah ciel !... Qu'est-ce donc?

ROBILLARD.

Rien ; rejoignez ma fille... je suis à vous dans l'instant. (*Mme
Girardot sort par la droite.*)

SCÈNE VII.

ROBILLARD, TRISTAN, GOBICHON, ENDYMION **.

GOBICHON, *à la cantonnade.*

Eh ben ! quoi ? chiffonniers !... c'est notre état ! faut pas avoir
l'air !... on ne peut pas être tous banquetiers et notaires ! faut
un peu de tout pour émailler la société... des roses et des bluets.

TRISTAN.

Vous êtes les bluets ?

ENDYMION.

Dans les bluets, il y a quelquefois des roses, mossieure !...

ROBILLARD.

A qui, diable ! en avez-vous?

GOBICHON.

A vos méchants gas, qui rient de nous !... C'est fier, c'est haut,
parce que leux pères leux y ont mis une plume d'oie dans leux
doigts... de même !

ENDYMION *regardant à gauche.*

Ils ont des sous-de-pied !

* Mme Girardot, Tristan, Robillard.
** Endymion, Gobichon, Robillard, Tristan

GOBICHON.

De quoi? chiffonniers! partout des chiffonniers:

Air : Viv' le roi ! (de Paul Henrion.)

D'puis l' premier
Jusqu'au dernier,
  Chiffonnier ! (*bis.*)
    L' monde
    Entier,
  Chiffonnier ;
Que d' loques à la ronde !
  Les lingères,
  Les pap'tiers,
Les modist's, les huissiers,
  Chiffonniers , *bis.*)
  Ou ben eh ffonnières !
    Procureurs,
    Imprimeurs,
Et ces farceurs de tailleurs...
  Chiffonniers ! (*bis.*)
Chiffons ! vieux papiers !
  Et ce fégnant
  Griffonnant
Pour qu'un autr' fégnant le lise...
  L' banquetier
  Qui, du papier,
  Fait métier
  Et marchandise...
Avec leurs chiffons timbrés,
Les avocats, les notaires...
Enfin, en fait d' gens lettrés,
Les épiciers, les libraires...
  D'puis l' premier
  Jusqu'au dernier,
    Chiffonnier ! (*bis.*) etc.

TRISTAN riant, à Robillard.

Hein ! votre philosophie !

ROBILLARD.

Il a raison !

GOBICHON.

Et il leux en reste aux doigts plus qu'à nous ! ils ne rapportent pas tout ce qu'ils trouvent ! (*A Robillard.*) V'là votre bague.

TRISTAN.

Notre alliance ?

ROBILLARD.

Vous l'avez retrouvée ?... Merci, mon brave homme !

GOBICHON, a part.

Brave homme ! ça te casserait les dents de m'appeler *mossieure...* aristocrate !

TRISTAN.

C'est bien, ça !

ENDYMION, *à part.*

Et dire que je devrais peut-être avoir des canapés, des fauteuils pour mon usage !... (*Il va s'asseoir.*)

ROBILLARD, *le retenant du geste.*

Dites donc, mon garçon, prenez garde...

ENDYMION.

Oh ! merci, mossieure, ça ne me salira pas.

TRISTAN.

Au contraire !

ROBILLARD.

Nous tenions à cette bague... voilà vingt francs.

TRISTAN, *bas.*

C'est plus qu'elle ne vaut !...

ENDYMION, *bas à Gobichon.*

Que ça ?

GOBICHON, *de même à Endymion.*

Obligez donc un notaire !... (*Mettant l'argent dans sa poche.*) Faut pas l'humilier.

ROBILLARD.

Allez, et, en passant, arrêtez-vous à la cuisine pour vous rafraîchir.

GOBICHON.

C'est pas de refus... l'été est chaude ! Nous nous amuserons à creuser une bouteille !

ROBILLARD.

C'est bien !... nous, Tristan, allons...

GOBICHON, *examinant les casiers.*

Pardon, excuse, bourgeois, vous avez là un tas de paperasses le long de vos murailles... dont desquels on pourrait vous en débarrasser.

ROBILLARD.

Des papiers de mon étude ?...

TRISTAN.

Ah ?... bien !

GOBICHON.

On vous les prendra au kilo, 10 centimes, c'est le cours... Mossieure votre épicemar ne vous en donnera pas davantage !...

ROBILLARD, *étonné.*

Épicemar ! qu'est-ce que c'est que ça ?

TRISTAN, *riant.*

Ah !... C'est leur argot.

ROBILLARD, *retenant Gobichon, qui va donner un coup de crochet dans les papiers.*

Mais, non ! ce sont des dossiers, des grosses, des minutes...

GOBICHON, *étonné.*

Des grosses ! des minutes ? Qu'est-ce que c'est que ça ?

ENDYMION.

Ah !… c'est leur argot.

ROBILLARD,

Ce sont enfin les papiers des clients dont je fais les affaires…

ENDYMION, *s'approchant de Robillard *.*

Ah ! vous faites les affaires ?…

GOBICHON.

Prenez que je n'ai rien dit !… Messieure et la compagnie… zut, Endymion !… (*A part, en sortant.*) En v'là un chiffonnier !…

ROBILLARD.

Bonjour, bonjour !.. (*A Tristan.*) Portons vite à ma fille… (*Tristan sort à droite. Robillard va pour sortir, Endymion, qui s'est arrêté à la porte de gauche, le retient.*

SCÈNE VIII.

ROBILLARD, ENDYMION **.

ENDYMION.

St ! st !

ROBILLARD, *se retournant.*

Hein ?

ENDYMION.

Chut !

ROBILLARD.

Qu'est-ce qu'il y a ?

ENDYMION, *se rapprochant de Robillard.*

Puisque vous faites les affaires des personnes, vous êtes la mienne.

ROBILLARD,

C'est bien ! voyez à l'étude.

ENDYMION.

De quoi, l'étude ?… Votre boutique… merci ! je ne veux pas dire mes secrets à vos garçons.

ROBILLARD.

Je n'ai pas le temps de vous entendre…

ENDYMION.

Parce que j'ai un habit un peu négligé… Prenez garde, mossieure, on ne sait pas quèquefois à qui qu'on parle… j'ai trouvé des jolis bijoux dans de l'ordure !…

ROBILLARD

Comme ça, vous seriez le bijou ?

* Gobichon, Endymion, Robillard, Tristan.
** Endymion, Robillard.

ENDYMION.

Peut-être, mossieure !... peut-être !

ROBILLARD.

Au fait, voyons, qui êtes vous ?...

ENDYMION.

C'te bêtise !... si je le savais... je ne vous le demanderais pas... qui suis-je ?... Il doit y avoir moyen de retrouver son père... quand on l'a perdu !... Des pères... il y en a pour tout le monde... (*Après avoir regardé si personne n'écoute, il passe à droite et présente un papier à Robillard.*) Lisez ça *.

ROBILLARD.

Eh ! lisez vous-même !

ENDYMION.

Non, lisez...

ROBILLARD.

Je ne puis pas !

ENDYMION.

Comment ? vous ne pouvez pas !... (*A part.*) Est-ce qu'il aurait la même infirmité que moi ?...

ROBILLARD.

Allons, voyons... qu'est-ce que c'est que ça ?

ENDYMION.

Le papier trouvé sur moi... quand je fus exposé... n'ayez pas peur... il est propre ! il y a si longtemps !...

ROBILLARD, *prenant le papier.*

Vous êtes un enfant trouvé ?

ENDYMION.

Je suis un enfant de l'amour.

ROBILLARD.

Vous !...

ENDYMION.

Cela étonne mossieure !...

ROBILLARD.

Moi... non...

SCÈNE IX.

LES MÊMES, *et successivement* CHRISTINE, Mme GIRARDOT, TRISTAN, GOBICHON *et enfin* LICHE-A-MORT **.

CHRISTINE, *entrant avec Mme Girardot.*

Mon père ! mon père ! on arrive pour le contrat... et monsieur Tristan reçoit... (*Apercevant Endymion.*) Ah !

ENDYMION, *à part.*

Je l'ai frappée !...

---

* Robillard, Endymion.
** Robillard, Endymion, Christine, Mme Girardot.

ROBILLARD.

Je suis à vous... pardon, madame... * C'est ce garçon qui me retient... voyons...

Mme GIRARDOT, *bas à Christine.*

Un singulier client !...

ROBILLARD, *lisant.*

« Je recommande à votre pitié ce pauvre enfant, qui sera ré-
» clamé bientôt par son père !...

ENDYMION.

Bientôt... ah ! ouiche !...

Mme GIRARDOT, *écoutant.*

Hein ?...

ROBILLARD, *continuant.*

» On récompensera dignement les soins que j'implore pour
» lui ! (*Mme Girardot se rapproche avec anxiété.*) Il sera reconnu
» à ce billet signé des initiales de sa mère.... M. J.... »

Mme GIRARDOT.

Grand Dieu !... Monsieur !... monsieur !... ce papier... (*Elle
l'arrache à Robillard.*)

ROBILLARD.

Plaît-il ?

ENDYMION.

Ah mais, rendez-moi !...

Mme GIRARDOT, *parcourant le papier.*

Oui... oui... ces caractères... ce... ce... c'est cela... je reconnais... D'où tenez-vous cette lettre ?

ROBILLARD.

Quel trouble !

CHRISTINE.

Madame !...

ENDYMION.

Puisqu'elle était attachée sur l'enfant...

Mme GIRARDOT.

Sur mon fils !...

ROBILLARD.

O ciel !...

CHRISTINE.

Que dit-elle ?...

Mme GIRARDOT, *respirant à peine.*

Ce billet a été trouvé ?...

ENDYMION.

Sur moi !...

Mme GIRARDOT, *poussant un cri.*

Lui !... mon fils !... Ah !... (*Elle tombe dans les bras de Robillard.*)

* Endymion, Robillard, Mme Girardot, Christine.

ENDYMION.

Ah ! bah !... vous êtes ma mère ?

TRISTAN, *accourant,*

Quel est ce bruit ?...

GOBICHON, *sur le seuil de la porte de gauche.*

Eh bien ! qu'est-ce que tu fais là, fégnant ?...

ENDYMION, *suffoquant.*

C'est... j'ai retrouvé... c'est ma mère !... (*Il va à Gobichon qu'il ramène et tombe dans ses bras.*)

GOB.CHON.

Ta... ça !...

TRISTAN, *s'élançant.*

Malheureux !

ROBILLARD.

De l'air !... de l'air ! Elle étouffe !...

CHRISTINE.

Eh ! vite... cette fenêtre !... (*Elle ouvre vivement la fenêtre et recule à l'aspect de Liche-à-mort.*) Ah !...

LICHE-A-MORT.

Gobichon, s'il vous plaît ?...

GOBICHON.

Dis donc, vieux, le petit qui a retrouvé sa mère !...

LICHE-A-MORT, *sautant sur la fenêtre.*

Pas possible !... (*Endymion est évanoui dans les bras de Gobichon. — Mme Girardot dans ceux de Robiliard. — Christine retient Tristan furieux. — Liche-à-mort, debout sur la fenêtre, regarde ce tableau en riant. — Le rideau tombe.*)

ACTE III.

Un jardin devant l'hôtel habité par Mme Girardot. L'hôtel à gauche ; on en descend par un perron. — A droite, premier plan, arbre qui peut empêcher de voir les personnes qui sont de ce côté. On voit, à gauche, près du perron, la hotte et le crochet qu'Endymion portait aux actes précédents. — Une table de jardin, à droite, premier plan.

SCÈNE I.

TRISTAN, *ensuite* GOBICHON. LICHE-A-MORT. (*Au lever du rideau, Tristan est assis près de la table, sur laquelle il est appuyé. Un peu après, Gobichon et Liche-à-mort entrent en scène ; le premier, par le perron ; le second, par le jardin. — Ils sont endimanchés.*)

TRISTAN, *seul, étouffant ses larmes.*

C'en est fait ! tant de bontés, d'espérances, jusqu'au nom d'une mère, tout est perdu pour moi ! (*Il cache sa tête dans ses mains.*)

LICHE-A-MORT, *à demi-voix**.

Eh ben ! l'enfant ?

GOBICHON, *de même*.

C'est ici qu'il est... dans l'hôtel de défunt son auteur.

LICHE-A-MORT, *à part*.

Cru son auteur. (*Haut.*) Tu l'as vu ?

GOBICHON.

Ah ben, oui ! pas moyen... ils l'ont mis sous cloche... Il paraît qu'on le nettoye... dans des bains... il en est à sa troisième eau !

LICHE-A-MORT.

Ils vont le gâter. Des bains ! à quoi que ça sert ?

GOBICHON.

Je ne sais pas !... Tiens, c'est par là ! (*Il lui montre une fenêtre de l'hôtel* **.)

TRISTAN.

Et mon mariage rompu ! Pauvre Christine, qui m'aimait tant et que j'aime cent fois davantage depuis que je tremble de la perdre.

GOBICHON, *revenant à Liche-à-mort*.

Mais, toi, quéque t'as fait*** ?

LICHE-A-MORT.

Je m'ai pas endormi... j'ai fait jaspiner le mintzingue du coin, en étouffant quelques litres.

GOBICHON.

T'as bu, prends garde ! Avec ça que t'as un gosier à faire des semelles de bottes... il ne prend pas l'eau ! et quand t'as du vin dans les cheveux...

LICHE-A-MORT.

Laisse donc, je voulais faire causer l'autre...

GOBICHON.

Eh bien ?

LICHE-A-MORT.

Eh ben, vieux... l'affaire est chenue ! v'là not' pain cuit !

GOBICHON.

Vrai ! c'te dame ?...

LICHE-A-MORT.

Est la veuve d'un banquetier... des écus à paver le Carrousel.

GOBICHON.

Qu'en a bon besoin ! (*Montrant l'hôtel.*) Hein ? quelle cassine !

TRISTAN , *se levant*.

Je ne sais rien, je ne suis bon à rien ! pas d'état !... (*Il s'essuie les yeux avec colère.*)

* Gobichon, Liche-à-mort, Tristan.
** Liche-à-mort, Gobichon, Tristan.
*** Liche-à-mort, Gobichon, Tristan.

LICHE-A-MORT.

Quand je te disais que cet enfant, c'était une bénédiction du bon Dieu ! il nous a coûté les yeux de la tête, c'est vrai !

GOBICHON.

A moi, oui ; mais à toi?...

LICHE-A-MORT.

J'y ai mis du mien !

Mme GIRARDOT, *dans l'hôtel.*

Oui, Tristan !... où est-il ?

GOBICHON.

Oh ! la bourgeoise !...

LICHE-A-MORT.

Attention !... (*Ils remontent.*)

TRISTAN.

Ma mère ! (*A part.*) Oh ! puis-je l'appeler ainsi ! (*Il passe à droite. — Gobichon et Liche-à-mort se trouvent au fond, et ne sont pas vus d'abord.*)

SCÈNE II.

Les Mêmes, Mme GIRARDOT *.

Mme GIRARDOT, *venant à Tristan.*

Ah ! c'est toi... Tu m'as quittée... que veux-tu que je devienne, si tu me laisses ainsi ? J'ai failli me trouver mal !

LICHE-A-MORT, *à Gobichon.*

C'est son fils.

GOBICHON.

Cru, cru !

TRISTAN.

Pardon !... c'est que M. Robillard... j'étais impatient de le revoir...

Mme GIRARDOT.

Tu as raison... il tarde bien à venir... je brûle de savoir le résultat de ses recherches. Cette femme, à qui je confiai mon enfant, la retrouvera-t-il?... et... (*Apercevant Gobichon qui s'approche d'elle, à droite, le chapeau à la main.*) Ah mon Dieu ! cet homme ! (*Se trouvant en face de Liche-à-mort, à gauche.*) Ah ! (*Elle respire son flacon**.*)

GOBICHON, *saluant.*

Madame...

LICHE-A-MORT, *de même.*

Bourgeoise...

GOBICHON.

C'est nous...

LICHE-A-MORT.

Le père...

* Liche-à-mort, Gobichon, *au fond,* Mme Girardot. Tristan.
** Liche-à-mort, Mme Girardot, Gobichon, Tristan.

GOBICHON.

Nourricier...

LICHE-A-MORT.

Du petit...

GOBICHON.

Votre fils.

Mme GIRARDOT, *tressaillant et serrant la main de Tristan.*
Mon fils !... (*Ils se rapprochent.*) N'approchez pas !... ah! puah!
(*Elle respire son flacon *.*)

GOBICHON, *à Liche-à-mort.*
Elle boit quelque chose !

LICHE-A-MORT.
J' voudrais bien en faire autant.

TRISTAN, *à part, se détournant.*
Son fils !... mais que suis-je, moi !

LICHE-A-MORT.
Permettez, petite mère **... c'est un gentil enfant... pas élevé
comme dans les salons, où qu'il n'y a que des vices...

GOBICHON.
L'innocence même : ça ne sait rien de rien.

Mme GIRARDOT.
Je vous crois.

LICHE-A-MORT.
Honnête, le chiffonnier, honnête !

GOBICHON.
Pas habitué à la dépense, au lustre des habits... modeste...

LICHE-A-MORT.
Ça irait tout nu que ça n'en rougirait pas.

GOBICHON.
Pas difficile... il mange de tout... avec ça, aimable, et farceur!

LICHE-A-MORT.
Savant un tas de chansons de société...

Ah ! que l'amour est agréable ! —
— Sur l'air du tra, la, la !... —
— Arrosons-nous
La dalle, la dalle,
Arrosons-nous...

Mme GIRARDOT, *l'arrêtant.*
C'est bien... assez !

LICHE-A-MORT.
Et puis, une petite danse soignée !... (*Il fait quelques mouvements.* ***)

Mme GIRARDOT, *avec impatience.*
Au fait !... que voulez-vous? que demandez-vous?

* Liche-à-mort, Gobichon, Mme Girardot, Tristan.
** Gobichon, Liche-à-mort, Mme Girardot, Tristan.
*** Liche-à-mort, Gobichon, Mme Girardot, Tristan.

TRISTAN.

Eh ! sans doute la récompense !...

GOBICHON.

Pauvre chat !... nous venons le voir.

Mme GIRARDOT.

Cela ne se peut pas... mais, plus tard... on ira vous trouver... et s'il est vrai que ce jeune homme soit mon... mon fils...

GOBICHON.

Comment ! s'il est vrai... mais ça saute aux yeux tout de suite... C'est pas pour vous flatter... mais il vous ressemble !...

LICHE-A-MORT.

Oh ! oui...

Mme GIRARDOT.

En attendant, prenez ceci. (*Elle leur tend deux billets de mille francs.*)

GOBICHON.

Deux billets de mille !

LICHE-A-MORT, *sans les prendre.*

Que ça ?...

GOBICHON, *de même.*

Il n'y a pas gras ! (*Il va prendre les billets, à la voix d'Endymion ; Mme Girardot remonte vers le perron sans les lui donner.*

ENDYMION, *dans l'intérieur.*

Ah ! drôle ! je veux qu'on me serve !...

UN DOMESTIQUE, *de même.*

Allez-vous-en au diable !... (*On entend renverser des meubles. — Musique jusqu'à l'entrée d'Endymion.*)

GOBICHON.

Tenez ! tenez !... c'est lui !

Mme GIRARDOT.

Grand Dieu ! quel bruit !... *

TRISTAN.

Eh parbleu ! depuis que vous me l'avez fait amener ici... il s'est emparé de la maison en maître !...

LICHE-A-MORT.

Dame ! c'est la sienne !...

TRISTAN.

Il s'étale sur les meubles en chantant... trinquant avec les laquais... il court après les femmes de chambre... et, tout à l'heure, il se faisait rendre compte de la fortune...

GOBICHON.

Dame! c'est la sienne !...

TRISTAN.

Par le concierge... son ami !

Mme GIRARDOT.

Mais c'est affreux !...

* Liche-à-mort, Gobichon, Tristan, Mme Girardot.

SCÈNE III.

Les Mêmes, ENDYMION, UN DOMESTIQUE. *

ENDYMION, *poursuivant le domestique.*

Ah ! drôle ! ah ! gueurdin ! ah ! polisson !

LE DOMESTIQUE.

Ne tapez pas, ou je vous donne une pile !

ENDYMION.

Une pile, toi !... je vas te la communiquer... c'est mon état !...
(*Se posant.*) Tiens, ohais ! la savate ! tiens ! (*Il fait tomber le domestique.*) Soufflez la chandelle, monsieur est couché !

LE DOMESTIQUE, *se relevant et menaçant Endymion.*

Mais voulez-vous...

GOBICHON et LICHE-A-MORT, *riant.*

Ha ! ha ! ha !... fameux !...

ENDYMION, *riant.*

Tiens ! les vieux !

TRISTAN.

Joseph !...

ENDYMION, *sans voir Mme Girardot.*

Ah ! le petit... Tiens ! il n'est pas parti !

TRISTAN.

Mais quoi ? qu'y a-t-il ?...

LE DOMESTIQUE.

Il m'estropie avec ses grandes mains !...

ENDYMION, *étalant ses mains.*

Ah ! oui ! en voil des carrefours !...

LICHE-A-MORT.

Superbes !...

ENDYMION.

Et cet animal qui refuse de me servir à déjeuner !...

LE DOMESTIQUE.

Mais je lui ai déjà servi deux fois, à déjeuner !...

ENDYMION.

Et si je veux déjeuner trois fois, moi !

LICHE-A-MORT.

Dame !...

GOBICHON.

Ça se fait !

TRISTAN.

Servez-le !...

LE DOMESTIQUE *hésite, puis aperçoit Mme Girardot qui lui fait signe
d'obéir.*

Dame! Si madame l'ordonne.... (*Il sort ; pendant la scène il ap-
porte un déjeuner servi sur un plateau, il revient ensuite avec un
panier de vin.*

* Liche-à-mort, Gobichon, Endymion, le Domestique, Tristan, Mme
Girardot.

ENDYMION.

De quoi! de quoi! madame... (*Liche-à-mort et Gobichon remontent.*) Oh! ma mègue! (*A part.*) Bigre!...

Mme GIRARDOT, *allant à lui.*

On va vous servir... mais (*A demi-voix en passant devant
lui.*) renvoyez ces hommes-là, je vous en prie...

ENDYMION.

Qui ça?... les vieux!...

Mme GIRARDOT.

Qu'ils ne viennent plus ici!... je ne veux pas les voir.

ENDYMION.

Laissez-donc... je vais les fiche à la porte... ma mègue!...

LICHE-A-MORT.

Elle parle de nous!...*

Mme GIRARDOT.

Tenez... donnez leur cela... en attendant...

ENDYMION.

Des billets de mille?... du tout! ça les ferait loucher!... je vais
les fiche à la porte à l'œil, gratis!...

Mme GIRARDOT, *à part.*

Oh! j'éprouve à le voir, à lui parler, une répugnance...

ENDYMION.

AIR : *Adieu, mademoiselle.* (De Geneviève).

A bientôt, je l'espère...
Allez vous promener...
Allez, ma tendre mère,
Moi, je vais déjeuner.

Mme GIRARDOT, *à part.*

Sa douleur m'inquiète.
(*A Tristan.*) Pour toi, rien n'est changé.

ENDYMION, *à lui-même.*

C' locatair' là m'embête,
J' lui flanqu'rai son congé.

ENSEMBLE.

ENDYMION.

A bientôt, je l'espère... etc.

Mme GIRARDOT.

Allons, bientôt j'espère,
La chance peut tourner ;
Je suis toujours ta mère,
Pourquoi te chagriner?

TRISTAN, *à part.*

C'est en vain qu'elle espère !

* Tristan, Mme Girardot, Endymion, Gobichon, Liche-à-mort.

Je dois me résigner,
Et, bientôt, d'une mère,
Il faudra m'éloigner.

LICHE-À-MORT et GOBICHON.

Laissons filer la mère
Pour mieux nous en donner;
Car, avec lui, j'espère,
Nous allons déjeuner.

LE DOMESTIQUE, *posant un panier de vin.*

Là! vous ne manquerez pas de vin... en v'là un panier!

ENDYMION, *allant à lui.*

A la bonne heure, mossieure!

LE DOMESTIQUE, *se sauvant.*

Ne touchez pas!

SCÈNE IV.

ENDYMION, GOBICHON, LICHE-À-MORT. * (*Liche-à-mort a pris une bouteille et Gobichon un verre.*

ENDYMION, *riant de voir courir Joseph.*

Ha! ha! ha!... je ferai maison nette!

GOBICHON et LICHE-À-MORT, *riant comme lui.*

Ha! ha! ha!

ENDYMION.

Qu'est-ce que c'est?... (*A part.*) Ah! je vas les renvoyer chez eux... dans la rue.

GOBICHON et LICHE-À-MORT.

A votre santé, bourgeois!

ENDYMION, *allant arracher le verre de la main de Gobichon et la bouteille à Liche-à-mort.*

Mais voulez-vous... mais voulez-vous!...

GOBICHON.

Mistigris! c'est rupin!

LICHE-À-MORT.

Laisse donc, tu vas me faire étrangler!...

GOBICHON.

Bonjour, petiot!

LICHE-À-MORT, *de même.*

Bonjour, mioche! (*Le secouant dans ses bras.*) Oh! est-il heureux cet être-là!... v'là ton sort fait!

GOBICHON, *lui secouant la main.*

Cher enfant! te v'là placé!

ENDYMION, *se débattant.*

Mais, prenez donc garde à mon habit! vous allez salir mes manchettes.

* Endymion, Liche-à-mort, Gobichon.
* Gobichon, Endymion, Liche-à-mort.

GOBICHON, *riant.*

Tiens ! faut mettre des mitaines pour le toucher, à c'tt' heure.

ENDYMION.

Allez donc vous laver les mains !... ce n'est pas t'ici votre place, mes bons !

GOBICHON, *ébahi.*

Comment, pas t'ici ?

LICHE-A-MORT.

Quand nous venons te voir !...

ENDYMION, *se retournant.*

Eh bien ! regardez ! et dépêchons ! c'est fadard, hein ? du linge blanc ; on en porte beaucoup cette année... et de l'Elbœuf !

GOBICHON.

Ce n'est pas des chiffons, non !

ENDYMION.

Avec des sous-de-pied ! j'en ai deux.

LICHE-A-MORT.

Comme ça pare un homme !

ENDYMION.

Oui, mais ça tire !... ça a de la peine à s'entendre avec les bretelles !... Bon ! en voilà une qui craque !

GOBICHON.

Il a des bretelles !

LICHE-A-MORT.

Est-il ficelé, ce savoyard-là !

GOBICHON, *passant son bras sous celui d'Endymion.*

Nous t'avons demandé déjà deux fois, mais t'étais dans le bain.

LICHE-A-MORT, *de même.*

Qu'est-ce que tu faisais là ?...

ENDYMION.

Est-ce que je sais, moi !... ils m'ont baigné comme un caniche !...

GOBICHON.

Pauvre chat !...

ENDYMION.

Ils m'ont lavé à trois eaux... que la troisième était blonde, quoi'... et puis brossé, frotté, savonné, récuré comme une marmite !

LICHE-A-MORT.

Pauvre martyr !...

ENDYMION.

Et puis peigné, frisé, pommadé comme une tête à perruque !... Un tas de saletés... (*Avançant sa tête.*) Tenez, sentez comme ça sent !

LICHE-A-MORT, *avec dégoût.*

Ah ! qué drôle d'odeur !

GOBICHON, *de même,*

J'ai jamais senti c't odeur-là.

ENDYMION.

Ni moi!

LICHE-A-MORT.

Ni moi!... on dirait qu'on passe devant un parfumeur!

GOBICHON.

Ou un apothicaire!

ENDYMION.

C'est ma mègue qui m'a fait nettoyer... j'ai dû respecter ses faiblesses!...

GOBICHON.

C'est bien! on passe tout à une mère!... Elle est ta mère!...

LICHE-A-MORT.

Oh!...

GOBICHON.

Quoi, oh!

ENDYMION.

Quoi, oh!

LICHE-A-MORT.

Oh!... je dis, oh!... fière, la bourgeoise!... fière!... Elle ne chantait que deux mille!...

ENDYMION.

C'était trop!

GOBICHON.

Elle nous flanquait à la porte!...

ENDYMION.

Elle en avait le droit!... et moi aussi!...*

GOBICHON, *riant.*

Toi! toi! tu nous flanquerais...

ENDYMION.

Ah! mais!...

LICHE-A-MORT.

Toi!... si tu avais ce malheur là!... je te!...** (*Il va prendre une côtelette.*)

ENDYMION.

Ne mettons pas les pieds dans le plat!... Oui, je vous flanquerais! (*Il prend la côtelette que Gobichon tient à la main, celui-ci en prend une autre.*)

GOBICHON.

Liche-à-mort, je ne dis pas!... mais moi, je suis t'ici chez mon enfant!...***

LICHE-A-MORT, *mangeant.*

Chez notre enfant...

* Endymion, Gobichon, Liche-à-mort.
** Endymion, Liche-à-mort, Gobichon.
*** Liche-à-mort, Endymion, Gobichon.

ENDYMION, *à Liche-à-mort.*

Votre enfant? allez donc le trouver où vous l'avez mis... le même jour que je suis né?...

LICHE-A-MORT.

Il n'y est plus!...

GOBICHON.

Ma récompense, à moi, c'est de ne pas te quitter... c'est de venir m'installer ici, avec toi, auprès de toi... de partager tout!... Là, sans gêne, sans façons, la côtelette à la main, la pipe à la bouche et les coudes sur la table...

ENDYMION.

Mais non! mais non!...

LICHE-A-MORT.

Si fait!... nous sommes de la maison!... nous séparer? jamais!... pas vrai? jamais? Où tu es, je suis... je prends racine, je reste!...

ENDYMION.

Mais vous êtes toqués, mes bons!... vous restez!... vous partagez!...

GOBICHON.

Moi, qui t'ai prodigué des soins si tendres!

LICHE-A-MORT.

Moi, qui t'ai... donné de l'éducation!...

ENDYMION.

Vous! vous!... vous avez abusé de ma jeunesse... de mon inexpérience!... vous ne m'avez pas fait prendre des bains, je veux bien vous accorder ça... mais de quel droit m'aviez-vous fait chiffonnier?

GOBICHON.

Fallait-il te faire préfet de la Seine?

LICHE-A-MORT.

Ou ministre des finances?

ENDYMION.

Comme s'il n'y avait pas d'autres professions libérales?... Vous m'auriez fait garçon coiffeur, vitrier, marchand de contremarques... je ne dis pas... je n'aurais rien dit... mais négociant au petit crochet, fi donc!... je vous le dis franchement, vous vous êtes comportés comme de la populace... et ce que vous avez de mieux à faire, c'est de me ficher le camp!

GOBICHON.

Hein?...

LICHE-A-MORT.

Nous!

ENDYMION.

J'ai promis à ma mègue de ne plus voir de la canaille, mes bons!... retenez-bien cette maxime : ici bas, tous les hommes sont inégaux...

GOBICHON.

Les boiteux, oui !

ENDYMION.

Je vous le répète avec politesse : fichez-moi le camp !

LICHE-A-MORT.

Ah ! tu me chasses ! (*A part.*) C'est le châtiment de ma faute !... (*Il prend le mouchoir qui sort un peu de la poche d'Endymion et s'essuie les yeux.*[*])

GOBICHON, *pleurant.*

Je disais bien que c'était d'une grande maison !... ça n'a rien là... ça n'a rien là ! (*Il prend le mouchoir à son tour.*)

ENDYMION.

Ah ! c'est comme ça !... tenez, tenez, c'est mon *fouloir* ! (*Il arrache le mouchoir.*) sortez ou j'appelle mes gens !

GOBICHON *et* LICHE-A-MORT.

Tes gens !...

GOBICHON, *indigné.*

Il me menace, il me... Tenez, vous n'êtes qu'un mauvais crapaud !... (*Il remonte.*)

ENDYMION.

Il m'a dit : vous !

LICHE-A-MORT, *le colletant et le faisant tourner.*

Ah ! marquis de la hotte !....

SCÈNE V.

LES MÊMES, BASTRINGUETTE. [**]

BASTRINGUETTE, *une lettre à la main.*

Eh ben ! eh ben !... on se cogne !...

ENDYMION.

Mam'zelle Bastringuette !...

BASTRINGUETTE.

Monsieur Endymion ! Tiens ! il est mieux !...

ENDYMION

Oui, c'est moi qui dis à ces hommes du commun de me laisser chez *moâ* !

BASTRINGUETTE.

Chez vous?...

LICHE-A-MORT.

C'est bon !... on décare, mossieur !...

GOBICHON.

Mais je ne m'en vais pas... ingrat ! (*Il lui donne un coup de poing.*)

---

[*] Liche-à-mort, Gobichon, Endymion.
[**] Gobichon, Endymion, Bastringuette, Liche-à-mort.

ENDYMION.

Ah ! mais...*

LICHE-A-MORT.

Je t'attends, être dénaturé ! (*Il lui donne un coup de pied.*)

ENDYMION.

Ah ! mais...

BASTRINGUETTE, *se retournant.*

Qu'est-ce donc ? (*Liche-à-mort s'empare du panier de vin, sans être vu. Il sort avec Gobichon par le fond.*)

ENDYMION.

Je les ai remis à leur place !...* Mais, vous, mam'zelle, Bastringuette, je vous y mettrai aussi à votre place !... (*Il lui prend la taille.*)

BASTRINGUETTE.

Aïe ! vous me pincez !... mais comme vous êtes donc beau, monsieur Endymion ! à présent ! il a l'air d'un homme !...

ENDYMION.

C'est égal, je vous idole toujours.

BASTRINGUETTE, *riant.*

Vrai ? malgré la révolution ?

ENDYMION.

Petite, veux-tu être banquetière ?

BASTRINGUETTE.

Moi ! votre femme ?... je veux bien !

ENDYMION.

Ma femme ! oh non !... j'épouse la fille d'un notaire en gros, de la rue des Lombards. Mais, à présent que je suis millionnaire...

BASTRINGUETTE.

De quoi ? de quoi ?

ENDYMION.

Je te ferai du bien !... (*Il veut la prendre dans ses bras.*)

BASTRINGUETTE, *riant.*

Mais non !... mais laissez-moi donc ***.

ENDYMION.

Embrasse-moi !

BASTRINGUETTE, *se débattant.*

Monsieur Endymion, c'est des bêtises !

* Gobichon, Endymion, Liche-à-mort, Bastringuette.
** Endymion, Bastringuette.
*** Bastringuette, Endymion.

SCÈNE VI.

Les Mêmes, ROBILLARD, *ensuite* TRISTAN.

ROBILLARD, *tout essoufflé*[*].
Enfin, j'arrive, et je... (*Allant pour retenir Endymion par le pan de son habit.*) Eh mais ! eh mais !...

ENDYMION, *tapant derrière, avec le pied.*
Gare derrière ! ne dérangez pas !

ROBILLARD, *se reculant.*
Sacristi ! (*Tristan entre par le perron à gauche*[**].)

ENDYMION, *se retournant.*
Le notaire !

TRISTAN.
Ah ! monsieur Robillard !...

BASTRINGUETTE, *se dégageant vivement.*
Oh ! Tristan !

ENDYMION.
Excusez, vieux ! Je ne vous ai pas fait de mal, hein ? (*Il lui frappe sur le centre.*)

ROBILLARD.
Aie ! chiffonnier !

ENDYMION, *avec colère.*
Ne m'appelez pas chiffonnier, vieux !

TRISTAN, *avec colère.*
Comment, il se fâche ? (*Lui montrant sa hotte, à gauche.*) Mais, voyez donc !

ENDYMION.
Connais pas !

TRISTAN, *à Robillard.*
Eh bien ?

ROBILLARD.
Eh bien ! j'ai couru !... j'attends une réponse des orphelins, pour éclaircir ce mystère....

ENDYMION.
Quel mystère ? Il n'y a pas de mystère.

ROBILLARD.
J'arrive de la police... on m'a promis de retrouver aujourd'hui cette femme, qui a trompé la confiance de cette pauvre madame Girardot !

TRISTAN.
Ah ! elle vous attend avec impatience !... (*Bas.*) bien triste, bien malheureuse !...

[*] Bastringuette, Endymion, Robillard.
[**] Bastringuette, Endymion, Tristan, Robillard.

4.

ROBILLARD, *bas.*

Est-ce qu'il a fait encore quelque escapade ? (*Ils causent bas.*)

ENDYMION, *à part.*

Ils suchottent !... ça me crispe !

BASTRINGUETTE, *s'avançant timidement.*

Monsieur Robillard*... c'est une lettre, qui est arrivée chez vous, en votre absence, et que mamzelle Christine m'avait chargée de vous apporter ici...

ROBILLARD.

Une lettre !...

ENDYMION.

Quelle lettre ?

ROBILLARD.

Ah ! la réponse, le renseignement que j'attendais.. (*A Bastringuette.*) C'est bien.., prévenez madame Girardot. (*Bastringuette sort lentement. — Il continue en parcourant la lettre.*) Oui, c'est cela... pas d'autres indices... Le jour même où le fils de madame Girardot était trouvé par ces gens-là, rue de Tournon...

ENDYMION.

Près de la chambre des pairs**... C'était moi !

ROBILLARD.

« Un autre enfant, » ainsi que le constate le bulletin ci-joint, (*Tristan s'en empare.*) « le seul dépôt de cette journée... fut apporté aux Enfants trouvés, et évidemment...

TRISTAN.

C'est moi !

ENDYMION.

Ah bah ! vous ?...

TRISTAN.

Sans doute...

ENDYMION.

Le même jour...

TRISTAN.

Eh ! oui...

ENDYMION.

Mais alors...

TRISTAN.

Alors...

ENDYMION.

Votre père...

TRISTAN.

Je ne le connaîtrai jamais !

---

* Endymion, Bastringuette, Robillard, Tristan.
** Endymion, Robillard, Tristan.

ENDYMION.

Mais si ! mais si !... je le connais !

TRISTAN.

Vous !...

ENDYMION.

Il l'a dit lui-même... que, le jour où on me ramassa, il avait
mis son héritier dans la grande maison !

ROBILLARD et TRISTAN.

Qui donc ?

ENDYMION.

Liche-à-mort.

ROBILLARD.

Le chiffonnier !

TRISTAN, *menaçant Endymion.*

Misérable*!

ENDYMION, *montrant la hotte.*

Mais, voyez donc !

ENSEMBLE.

Air *des Huguenots.*

TRISTAN.

Quel horrible mystère !
Quoi ! cet homme est mon père ?
L'opprobre et la misère
Réclament-ils mes jours ?
Pour moi plus d'espérance !
Oui, mon malheur commence ;
Aux lieux de mon enfance
Adieu donc pour toujours !

ROBILLARD.

Quel horrible mystère !
Cet homme est donc son père ?
L'opprobre et la misère
Réclament-ils ses jours ?
Qu'il garde l'espérance !
Aux lieux de son enfance,
Le bonheur, je le pense,
N'a pas fui pour toujours.

ENDYMION.

Voilà tout le mystère !
Liche-à-mort est son père,
Et moi, dans la misère,
Je passais mes beaux jours.
Mais la justic' commence !
A moi, l'or, la naissance ;
Je vas dans l'opulence
M' goberger pour toujours ! (*Il sort.*)

* Endymion, Tristan, Robillard.

SCÈNE VII.

ROBILLARD, TRISTAN, Mme GIRARDOT, CHRISTINE. *

Mme GIRARDOT, *descendant le perron.*

Venez, Christine, venez... il est ici !

CHRISTINE.

Mon père !...

TRISTAN, *bas à Robillard.*

Oh ! ne lui dites pas...

ROBILLARD.

Soyez tranquille !

Mme GIRARDOT.

Eh bien ! ce que vous avez appris ? **... Eh ! mais... qu'avez-vous donc, tous les deux ?..

ROBILLARD.

Moi... je n'ai rien...

CHRISTINE.

Monsieur Tristan... (*Robillard la retient près de lui.*)

Mme GIRARDOT, *à Tristan.*

Cette pâleur... ces larmes... du courage, mon ami ! *** Tu ne me quitteras pas... J'ai de la fortune... et, quoiqu'on puisse dire... je serai riche, pour toi ! pour toi, qui seras toujours mon fils !.. (*Musique jusqu'à la sortie.*)

TRISTAN.

Ah ! ma mère... pardon... madame...

Mme GIRARDOT.

Tu me consoleras... tu m'aideras à le former... cet autre fils... (*A Robillard.*) Vous savez quels propos... quelle conduite...

ROBILLARD.

Oui... je sais... (*A part.*) Il paraît que le chiffonnier n'est pas parfait.

Mme GIRARDOT, *à Tristan.*

Christine t'aime toujours...

CHRISTINE.

Oh ! oui... touj.....

ROBILLARD, *bas, l'interrompant.*

Tais-toi ! (*Tristan a vu le mouvement de Robillard, il s'éloigne.*)

Mme GIRARDOT, *inquiète.*

Quant à monsieur Robillard, je le connais... c'est un homme sans préjugés... Et votre mariage aura lieu... n'est-ce pas ?

---

* Christine, Mme Girardot, Tristan, Robillard.
** Christine, Mme Girardot, Robillard, Tristan.
*** Christine, Robillard, Mme Girardot, Tristan.

ROBILLARD, avec hésitation.

Oh!... certainement... cependant...

TRISTAN, se rapprochant. [*]

Non... non, tout est fini... adieu... Christine... madame... adieu... vous ne me reverrez jamais!... (*Il sort vivement par le fond dans le plus grand trouble.*)

CHRISTINE.

Monsieur Tristan!...

Mme GIRARDOT.

Grand Dieu!... que dit-il?... quel mystère!... (*Apercevant Rose, qui entre, par la gauche, accompagnée d'un Monsieur parfaitement mis et en gants jaunes.*) Ah! (*Elle recule, et Christine se réfugie près d'elle.*)

SCÈNE VIII.

CHRISTINE, Mme GIRARDOT, ROBILLARD, ROSE, LE MONSIEUR.

ROSE.

Cristi, mossieu, ne serrez pas si fort!.... Je ne suis pas habituée à ces manières-là!... [**]

ROBILLARD.

Ah! c'est la personne qu'on m'avait promis de retrouver... cette ancienne femme de chambre...

Mme GIRARDOT.

Oh! c'est impossible!...

ROSE, faisant la révérence.

Excusez, messieurs, mesdames et la compagnie; on m'amène de force!...

ROBILLARD.

Voyez le grand mal!... [***]

ROSE.

Mossieu!... c'est la première fois qu'on me fait violence... ah! mais!... Et me faire monter en voiture... seule, avec cet homme!... Ah! ma pudeur a fièrement souffert!... (*Reconnaissant Robillard.*) Tiens! c'est le vieux à la bague!... Est-ce que c'est pour ça?.. ça ne me regarde pas... je m'en vas... (*Le Monsieur la retient.*)

Mme GIRARDOT.

Eh! mais... je ne me trompe pas... malgré ces haillons...

ROSE.

Qu'est-ce qu'elle a cette dame, contre ma tenue?... je m'en vas!... *Le Monsieur la retient et la force à regarder Mme Girardot.*)

[*] Christine, Robillard, Tristan, Mme Girardot.
[**] Christine, Mme Girardot, Robillard, Rose, le Monsieur au 2e plan.
[***] Christine, Mme Girardot, Rose, Robillard.

Mme GIRARDOT.

Oui, malgré l'âge…

ROSE.

J'ai vingt trois ans !…

Mme GIRARDOT.

Il y a vingt ans, vous en aviez dix-sept.

ROBILLARD.

Ça fait trente-sept.

ROSE, *regardant Mme Girardot.*

Eh mais !… cette voix… cet air… ces traits… c'est elle !…

Mme GIRARDOT.

C'est vous !

ROSE.

Mam'zelle Joséphine !

Mme GIRARDOT.

Rose Guingamp ! Comment se fait-il ?… dans un état pareil…

ROSE.

Vous voyez, devant vous, une créature victime des passions humaines, tombée du faîte de la société !…

ROBILLARD.

Elle était femme de chambre !…

Mme GIRARDOT.

Mais vous allez m'apprendre…

ROSE.

Tout… tout !… (*Regardant autour d'elle.*) Il y a de ces choses qu'on ne peut pas dire devant des hommes… et des jeunesses.

Mme GIRARDOT, *à Christine et à Robillard.*

Oh ! de grâce !… (*Christine sort à gauche. A part.*) Que va-t-elle m'avouer ?

ROBILLARD, *qui s'est éloigné, à part.*

Je suis dans une anxiété…

ROSE.

Ah ! madame !.. j'ai passé par de rudes épreuves !… vous le savez… quand je vous connus chez cette sage-femme…

Mme GIRARDOT.

Plus bas !

ROBILLARD, *se rapprochant.*

C'est cela !

ROSE.

Oh !.. (*Mme Girardot fait signe à Robillard de s'éloigner. — Rose le retient.*) Il peut rester.. c'est un vieux !… restez, vieux… Donc, j'étais jeune, aimante et joliette.. sans défauts, j'ose le dire ! Pas un ! pas un !.. excepté celui qui m'a perdute ! (*Baissant la voix.*) J'aimais les liqueurs !…

Mme GIRARDOT.

Oui, en effet… mais…

ROBILLARD.

Après !... après !...

ROSE, *vivement.*

Oui, monsieur... je les aimais... comme tout ce que j'aime... avec passion ! Un homme... (*baissant les yeux.*) car il y a de l'homme dans tous nos accidents... (*Reprenant.*) Un homme bien mis partageait mes goûts un peu... légers et les flattait sans cesse par des invitations fallacieuses... Il m'aima... et moi, faible femme, qu'il enivrait d'amour... de parfait amour !... je ne sus pas résister au torrent qui m'entraînait; je lui livrai mon âme, ma vie, mon être... et, dans mon délire, je fus... je fus...

Mme GIRARDOT, *l'interrompant, avec pitié.*

Malheureuse !...

ROSE.

Mais non... pas trop !... Seulement cet homme, qu'avant ma faute je croyais inspecteur des finances... sous-préfet ou fils de notaire... n'était, le lendemain... qu'un... (*baissant la voix.*) marchand de peaux de lapin... en détail !...

ROBILLARD.

Il se pourrait ?

ROSE.

Il se put !... mais il n'était plus temps... j'étais sur la pente... tout me paraissait beau avec lui !... je partageai son sort, son état, avec ivresse... et quand, de débine en débine, cet industriel me força à prendre la hotte, je m'écriai encore : O amour, merci !...

Mme GIRARDOT.

Mais...

ROBILLARD.

Après ! après !... nous y arriverons peut-être !...

ROSE.

O amour, merci !... Voilà !

Mme GIRARDOT.

Je conçois alors pourquoi vous échappiez à toutes mes recherches...

ROSE.

Des recherches? c'est mon état! Mais, enfin, pour quel motif ce mossieu s'est-il enfermé, avec moi, dans un fiacre à l'heure?... Ah ! fi !

ROBILLARD.

Rien de plus simple...

Mme GIRARDOT.

Je voulais des explications sur cet enfant... qui vous fut confié... il y a vingt ans...

ROBILLARD.

Pour être porté...

ROSE.

Aux orphelins !... oh ! je me rappelle... un nouveau né ?

Mme GIRARDOT.

Vous ne l'y avez pas porté !

ROSE.

Si fait !

ROBILLARD.

Non... vous l'avez exposé, en route !

ROSE.

C'est une calomnie !

Mme GIRARDOT.

Oh ! parlez... puisqu'on l'a trouvé...

ROBILLARD.

Rue de Tournon !

ROSE.

C'est impossible !... à moins qu'il n'y soit venu tout seul...

ROBILLARD.

Un enfant d'un jour !...

ROSE.

C'est un peu invraisemblable.

Mme GIRARDOT.

Oh ! dites-moi la vérité...

ROBILLARD.

Ou l'on vous arrête à l'instant !... (*Le Monsieur s'approche, sur un signe de Robillard.*)

ROSE.

Mossieu, mossieu, ne mettez pas la main sur moi !... je l'ai porté ! je vous le jure sur... la tête de mon époux.

Mme GIRARDOT.

Mais la lettre...

ROSE.

Quelle lettre ?

ROBILLARD.

Celle qui vous fût confiée...

Mme GIRARDOT.

Avec mon enfant !...

ROSE, *s'écriant.*

Ah ! j'y suis... je me souviens... elle a été perdue en chemin !

ROBILLARD.

Allons donc !

Mme GIRARDOT.

Perdue !

ROSE.

Ou volée !... à preuve qu'on m'a embrassée...

ROBILLARD.

C'est un conte !

Mme GIRARDOT.

Quoi ! je ne saurai rien.

ROBILLARD.

Arrêtez cette femme ! (*Le Monsieur s'approche.*)

ROSE, *levant son crochet.*

Cristi !... n'approchez pas ! (*Elle passe à droite*. On entend un grand bruit de cris et de bouteilles cassées.*)

Mme GIRARDOT.

Grand Dieu !.. quel bruit !...

ROSE.

Je m'en vas !... (*Le Monsieur la retient.*)

SCÈNE IX.

LES MÊMES, ENDYMION, *ensuite* LICHE-A-MORT, GOBICHON, DES DOMESTIQUES, *enfin* BASTRINGUETTE.

ENDYMION, *au fond, aux domestiques* **.

Oui, oui, je le veux ! qu'on les jette dehors !

ROSE.

Tiens ! l'Amour !

ROBILLARD, *allant à lui.*

Mais quoi donc ?... qu'y a-t-il ?

ENDYMION.

Il y a que ces deux drôles ont bu mon vin, ont cassé mes bouteilles !... (*Remontant.*) Qu'on les chasse ! (*Trois domestiques paraissent fuyant devant Liche-à-mort et Gobichon. — Gobichon est gris, mais Liche-à-mort est complétement ivre. Les domestiques restent au fond.*)

GOBICHON.

De quoi ! de quoi ! nous chasser*** ?

LICHE-A-MORT, *une bouteille à la main, et riant.*

Ha ! ha ! ha ! en v'là une baraque oùs que le vin est bon !

ROBILLARD.

Mais ils sont ivres-morts ! (*Mme Girardot et Robillard remontent un peu vers le perron.*)

GOBICHON.

Lui ! mais moi, j'ai pas bu.

ROSE.

Oh ! les vieux **** ! excusez, c'est les camarades !

* Mme Girardot, Robillard, Rose.
** Mme Girardot, Robillard, Endymion, Rose.
*** Mme Girardot, Robillard, Liche-à-mort, Gobichon, Endymion, Rose.
**** Liche-à-mort, Rose, Endymion, Mme Girardot et Robillard, 2e plan.

5

LICHE-A-MORT, *apercevant Rose*.

Ah ! bonjour, Vénus du crochet ! * (*Chantant*):

Vive le vin ! vive l'amour !

Ah ! je m'en suis donné une lampée !... du blanc... du rouge... du bleu ! de toutes les couleurs ! (*Criant.*) J'ai soif ! (*S'appuyant sur Gobichon.*) A boire ! à boire !

GOBICHON.

Tais-toi donc !

ROSE.

Il est un peu bu !

ENDYMION.

Vieil ivrogne !

LICHE-A-MORT.

Ivrogne !... qui ça, ivrogne ?... Pas moi ! je suis solide. (*Il chavire à droite **.*) Excusez, c'est le pavé qui glisse ! (*Reconnaissant Endymion.*) Tiens !... c'est le petit... qui veut... (*Riant.*) Ha ! ha ! ha !

ENDYMION.

Je ne connais pas cet homme !... qu'on mette cet homme dehors !... holà ! ho ! à c'te porte ! (*Les domestiques s'emparent de Liche-à-mort et l'entraînent vers le fond.*)

GOBICHON.

Lui !... pas moi !... ***

LICHE-A-MORT.

Qui ça, à c'te porte !...

ENDYMION.

Vous, misérable !

LICHE-A-MORT.

Moi, misérable !... Ah ! c'est comme ça que ça se joue !... (*Aux domestiques.*) voulez-vous bien me lâcher ! (*Il se dégage.*) Je suis chez moi !... c'est ici ma cave !... tout est à moi !... tout !... puisque t'es mon fils !

TOUS.

Son fils !...

ENDYMION, *riant*.

Ah ! bon ! une idée !... votre fils ?... moi !... Laissez-moi donc tranquille ! c'est le petit Tristan !

Mme GIRARDOT, *redescendant vivement en scène*.

O ciel !... Tristan !... ****

* Gobichon, Liche-à-mort, Rose, Endymion, Mme Girardot et Robillard, 2e plan.

** Gobichon, Rose, Liche-à-mort, Endymion, Mme Girardot et Robillard, qui ont remonté la scène, parlant aux domestiques, qui sont au fond.

*** Rose, Gobichon, Liche-à-mort, Endymion.

**** Rose, Gobichon, Liche-à-mort, Endymion, Robillard, Mme Girardot.

ROBILLARD, *de même.*

Silence !

LICHE-A-MORT.

Non, toi !... mon fils !... puisque je suis ton père... ton père propre... Appelle-moi papa... Embrasse-moi !...

ENDYMION, *le repoussant.*

Allez donc, pochard !...

LICHE-A-MORT, *furieux.*

Hein ? tu me repousses !.. (*Il jette au loin la bouteille qu'il tenait à la main.*) Eh bien ! oui, ton père !... c'est un secret qui est là... il y a vingt ans que je bois pour le faire passer... il ne passe pas !... il m'étouffe !...

GOBICHON.

Qu'est-ce qu'il dit ?...

ENDYMION, *à* Mme *Girardot.*

Est-ce que vous croiriez ...

Mme GIRARDOT, *à Liche-à-mort.*

Parlez ! parlez !...

LICHE-A-MORT.

Oui !... t'es mon fils !... le fils de cette pauvre Marie... qui faisait de si bonne friture !... à preuve qu'elle-t'a décoré le bras de mes armes... (*Il relève la manche de son habit.*) Regardez plutôt !... un crochet ! (*Robillard s'approche vivement et regarde.*)

ENDYMION, *à part, retirant son bras.*

Ça y est ?

LICHE-A-MORT, *continuant.*

Oui... j'ai été un père dénaturé... oui, je t'ai mis sur le dos de Gobichon, dans sa hotte... (*A Gobichon.*) Ne m'en veux pas, vieux ! (*A Endymion.*) Pour t'élever à crédit !... (*A Gobichon.*) Ne m'en veux pas, vieux !.. je suis un malheureux. (*Il pleure.*)

GOBICHON.

Comment ! gredin que tu es !...

Mme GIRARDOT.

Alors ! c'est cela !...

ROBILLARD.

Mais la lettre...

TOUS.

La lettre...

LICHE-A-MORT, *éclatant de rire.*

La lettre !... ah ! ah ! ah ! c'te lettre... perdue par c'te jolie jeunesse... Ah ! ah ! ah ! quelle farce !

ROSE.

C'était moi !.. * C'était lui... il m'a embrassée !... (*Lui donnant un coup de poing.*) Gueux !

---

* Gobichon, Rose, Liche-à-mort, Endymion, Robillard, Mme Girardot.

TOUS.

Silence !

LICHE-A-MORT, *riant.*

Je l'ai trouvée... je l'ai piquée sur toi... pour la récompense honnête ! Enfoncé, Gobichon !... ne m'en veux pas, vieux !

GOBICHON.

Canaille !

ROSE, *avec pudeur.*

Oh ! la boisson !...

LICHE-A-MORT.

De quoi ! la boisson !... Qu'est-ce qui dit du mal de la boisson !...

GOBICHON, *qui a été prendre la hotte, s'approchant d'Endymion..*

T'as été ingrat !... (*Il la lui met sur le dos.*) C'est bien fait !

ENDYMION.

Quelle cascade !...

Mme GIRARDOT.

Mais alors, mon fils !... Tristan !...

BASTRINGUETTE, *qui est entrée par la gauche et s'est approchée de madame Girardot.*

Il est parti !...

Mme GIRARDOT.

Parti ?!...

LICHE-A-MORT, *qui est monté sur le perron.*

A la santé du richard... mon fils ! (*Le rideau tombe.*)

ÉPILOGUE.

Le jardin de L'HANNETON COURONNÉ. Au fond, au-dessus de la porte d'entrée, l'enseigne. A gauche, premier plan, sous une treille, une grande table, dont un des bouts fait face au public ; de chaque côté de la porte du fond, un berceau avec bancs, tables, etc. A droite, au premier plan, la maison du marchand de vin.

SCÈNE I.

ENDYMION, BASTRINGUETTE, GOBICHON, LICHE-A-MORT, BRISEMICHE, puis ROBILLARD, MANETTE, et QUATRE CONVIVES. (*Ils sont assis à la table, de gauche.*)

CHOEUR.

AIR : *Ronde des Mystères du carnaval.* (De P. Henrion.)

Dans cette aimable réunion,
Chiffonniers, soutenons l'honneur de la guinguette ;

Chantons l' mariag' de Bastringuette
Et d'Endymion !
Ohé ! (4 *fois.*) célébrons l'union
De la p'tit' Bastringuette
Et d'Endymion !

Pendant le chœur, Robillard entre par le fond ; il a l'air de chercher, et se tient à droite, et hors de la vue des convives : Manette entre par la droite, des rubans à la main. Robillard l'arrête[*].

ROBILLARD,

AIR : *Lucette est une bergère.* (Bergère châtelaine.)

Où suis-je ici, jeune fillette ?
MANETTE, *montrant l'enseigne.*
Vous êt's à l'Hann'ton couronné !
A la noce de Bastringuette !...
ROBILLARD, *à part.*
Allons, j'avais bien deviné !
Elle m'a tenu sa promesse.
Tenons la nôtre ! (*Haut.*) Ils sont époux ?
MANETTE.
Avec monsieur l' maire et la messe,
C' qui n'arriv' pas toujours chez nous !

BASTRINGUETTE, *se levant.*

Une santé !

TOUS.

Une santé ! (*On remplit les verres.*)
MANETTE, *montrant Bastringuette.*
Tenez... tenez... la voilà !
Dieu ! quand pourrai-je être comm' ça !

BASTRINGUETTE, *debout à la table.*

Je bois à mon époux !

TOUTE LA NOCE.

A la santé du marié ! (*On se rassied.*)

MANETTE.

Même air.

Pardon ! j' vas porter la jarr'tière
Qu'on doit détacher[**]...
ROBILLARD, *la retenant, avec mystère.*
Halte-là !
Je reviendrai bientôt, ma chère,
En secret on vous préviendra.
MANETTE, *à part.*
Tiens ! pourquoi fair' ?
ROBILLARD.
Mais, jeune fille,

[*] Robillard, Manette.
[**] Manette, Robillard.

Pour mari, qui prend—elle donc ?
MANETTE.
Un monsieur d'un' drôl' de famille,
Avec le cœur tendre et l' nez long !

ENDYMION, *se levant.*

Un toast !

TOUS.

Un toast ! (*On remplit les verres.*)
MANETTE, *montrant Endymion.*
Tenez... tenez... le voilà !
Je voudrais un mari comm' ça !
Tenez... tenez... le voilà !
J'en voudrais un comm' celui-là ! (*Elle va se placer à table.*)

ENDYMION, *debout à la table.*
A la santé de mon épouse !

TOUS.

A la santé de la mariée ! (*Cris et bruit de verres.*)
Robillard se tient à l'écart, et sort après l'entrée des chiffonniers

SCÈNE II.

LES MÊMES, LERAT, LES CHIFFONIERS.

On entend d'abord le chœur au loin ; il s'approche. Liche-à-mort
et deux ou trois autres se lèvent de table et vont regarder au fond,
puis ils reviennent se grouper pour recevoir les arrivants ;
Liche-à-mort a un pied sur le côté droit de la table, et l'autre sur
le banc.

CHOEUR.

AIR *de la Ronde des Chiffonniers.* (1er acte.)

Allons, chiffonnier, rossignol de nuit,
Pour chanter et boir' t'as jusqu'à minuit !
Nous v'là, nous v'là, chiffonniers de Paris,
Faites,   } place aux amis !
Faisons, }
LICHE-A-MORT, *sur la table.*
Francs loupeurs, mes confrères,
Que v'nez-vous faire ici ?
LERAT.
C'est le jour des barrières,
Nous v'nons fair' le lundi !
GOBICHON.
Eh ! bien ! soyez d' la noce !
TOUS.
Un' noce !... quel bonheur !
LICHE-À-MORT.
Et v'nez vous faire un' bosse
Chez madam' Malaucœur !

CHOEUR.

On se donne des poignées de main, on se mêle pendant le chœur.

Allons, chiffonnier, etc *.

LA MÈRE BRISEMICHE, *arrangeant la toilette de la mariée.*

AIR : *De sommeiller encor, ma chère.*

Voyez, pourtant, c'est à ma montre
Qu'on a trouvé cett' toilett' là !...
Un' rob' tout' neuve de rencontre...
Un voil' blanc, qui vient d' l'Opéra !...
Des gants, qui la pinç'ent comme un ange,
Et puis, j'ai mis, à son côté,
Un vrai bouquet de fleur d'orange ...
Qu'avait déjà z'été porté.

LERAT,

AIR : *De la boulangère.*

Mais on disait que Gobichon
D'vait, pour les frais d' nourrice,
Poursuiv' le pèr' d'Endymion !...

GOBICHON et LICHE-A-MORT.

Nous, v'là notre police.

Ils se mettent en garde, en tournant, comme pour tirer la savate.

GOBICHON.

Nous nous sommes peignés... comme deux... si bien que je lui
ai mis un œil à la coque, et qu'il m'en a fait un au beurre noir.

LICHE-A-MORT.

Ce qui nous a fait à chacun un lorgnon !... bon genre !

GOBICHON.

Ensuite on s'arrange, en trinquant,
Pour que tout ça finisse
Gaîment.

TOUS, *dansant.*

Pour que tout ça finisse !

LERAT ** *montrant Endymion.*

Même air.

On disait que c' beau guernadier
Voulait, d'vant la justice,
Fair' chanter la veuv' du banq'tier
Qu' ça mettait au supplice !...

ENDYMION.

C'est vrai qu'un avocassier, un ami de mon ami le concierge,
me conseillait de faire du scandale, pour soutenir que j'étais
l'enfant de la lettre, à la place du petit qu'avait disparu...

BASTRINGUETTE, *à part.*

Pauvre Tristan !...

* Gobichon, Liche-à-mort, Lerat, Endymion, la mère Brisemiche, Bastringuette, Manette,

** Liche-à-mort, Manette, Bastringuette, Endymion, Lerat, Gobichon, la
mère Brisemiche.

ENDYMION.

Ça me tentait, à cause des sous-de-pied.

BASTRINGUETTE.

Fi ! monsieur !...

ENDYMION.

Mais Bastringuette en m'épousant
Exig' que tout finisse
Gaîment,
Ell' veut qu' tout ça finisse !

LERAT **, *à Bastringuette.*

AIR : *De Joseph.*

C'est bien, p'tit' mèr', c'est du courage !

BASTRINGUETTE.

Pourquoi donc? ça s'est bien trouvé !
Moi, j' suis contente d' mon mariage,
Depuis qu'un moderne a prouvé
Que du ciel la sagess' profonde,
Traitant chacun s'lon son métier,
A mis tout's les vertus de c' monde
Dans la hotte du chiffonnier !

LERAT, *parlé.*

C'est juste !

TOUS, *en ligne et s'approchant de la rampe.*

Ah ! oui ! tout's les vertus de c' monde
Sont dans la hott' du chiffonnier !

SCÈNE III.

LES MÊMES, ROSE, *en toilette.*

ROSE, *dans la coulisse.*

AIR : *de la noce de la mère Gibou.*

Quel plaisir d'aller à la noce,
Surtout, quand il n'en coûte rien !

Ils remontent tous, Rose entre.

LICHE-A-MORT.

V'là madam' Rose !

BASTRINGUETTE, *à part.*

Enfin ! c'est elle !

GOBICHON.

Ell' revient d' chez les Girardot.

BASTRINGUETTE, *à part.*

Que vais-je apprendr' !...

ENDYMION.

Dieu, qu'elle est belle!

ROSE, *s'éventant.*

Deux mariag's en un jour, c'est trop !

* Liche-à-mort, Manette, Lerat, Rose, Endymion, Bastringuette, Gobichon, la mère Brisemiche.

Mais, ils m'ont r'conduite en carrosse,
Sans ça n'y aurait pas eu moyen!...
    On lui apporte une chaise, elle s'assied.
Ah! qu' j'étais bien! *(bis).*
Quel plaisir d'aller à la noce,
Surtout quand il n'en coûte rien!

TOUS.

Quelle noce!

BASTRINGUETTE.

Celle de monsieur Tristan, n'est-ce pas?... il est heureux?

ENDYMION.

Mais il était perdu!

ROSE.

Ah ben, ouiche!... les amoureux, ça se retrouve toujours.
(*Elle se lève.*)

TOUS.

Comment?

ROSE,

Air : *Lettre de Félicité.* (Plantade.)

Ah! mes amis, il faut voir comme
Là bas, ils sont tous à s' réjouir!...
On a r'trouvé le p'tit jeune homme,
Au moment qu'il allait s' périr!
Quel coup pour sa pauvr' mèr' qui l'aime!
— Sous son nez on l'y a mis l' flacon...
Mais ell' s'est trouvé' mal, tout d'même...
— On n'avait pas ôté l' bouchon!
— A présent, il veut êtr' notaire,
— La leçon l'a fait réfléchir :
Il veut s'occuper... comm' son père...
A sa p'tit' femm' ça f'ra plaisir!
    A Bastringuette.
Car vous savez qu' mamzell' Christine
Épous' ce cher monsieur Tristan,
Et, qu'ainsi qu' vous, ell' se destine
Dans neuf mois à d'venir maman.
Je leur devais un' politesse :
Dans la cuisin' j'ai consenti
A partager leur allégresse,
En mangeant pas mal de rôti.
Enfin, après l' dernier service,
L'estomac plein, la joie au cœur,
Je viens flatter mon coquin d' vice!...
J'arrive à temps pour la liqueur!
Donnez... donnez-moi d'la liqueur!
    Elle tend les deux mains.

TOUS.

A table! à table!

CHOEUR.

AIR : *Pour étourdir le chagrin.*

Pour la liqueur et l' dessert,
Qu'on se r'mette
Dans son assiette !
Pour la liqueur et l' dessert,
Que chacun r'prenn' son couvert !

LICHE-A-MORT

A boir' !… pour lui j'aval'rais
Jusqu'aux tours de Notre-Dame !

ENDYMION, *à part.*

Je n' sais pas trop c' que j'ai… mais,
J' voudrais bien enl'ver ma femme !

CHOEUR.

Mes amis, v'là le dessert
Qu'on se r'mette, etc.

*On se remet à table. Bastringuette, restée rêveuse sur le devant de la scène,
regarde Endymion, à qui Rose dit quelques mots bas*.

BASTRINGUETTE, *à part.*

AIR : *Ainsi que moi, tu le sauras, Suzette.* (Mariage de raison.)

Ah ! j'ai beau dir', c'est un état qui m' vexe !…

ROSE, *passant près d'elle.*

Eh ! bien ! ma p'tite, à quoi rêvez-vous là ?
Ne craignez rien !… j' suis un' femm' de vot' sexe.
C'est l' chiffonnier qui vous chiffonn' ?…

BASTRINGUETTE.

Voilà !

ROSE.

Mais ça viendra, plus tard, dans l' tête-à-tête ;
C'est un bel homme… il a des sentiments…
Ainsi que moi, tu l' sauras, Bastringuette,
On aim' toujours le pèr' de ses enfants !

Elle lui prend la main.

TOUS, *à table.*

La mariée ! la mariée ! (*Endymion vient chercher Bastrin-
Ils vont à la table.*)

REPRISE *du premier chœur.*

Dans cette aimable réunion, etc.

ROSE, *tendant son verre.*

Suite de l'air.

Les noc's m' donn'nt la pépie !
Mes p'tits, offrez-moi donc
Des prun's à l'eau de vie,
Avec beaucoup d' bouillon !

* Rose, Endymion, Bastringuette, les autres à table.

On aperçoit Robillard, à droite, qui fait des signes à Manette.
MANETTE, *se levant, et à part.*
Ç' gros monsieur revient, en personne,
Au rendez-vous qu'il m'a donné ..
                    Elle sort à droite.
TOUS
Buvons à l'amour qui couronne
Ma
Sa } flamme à l'Hann'ton couronné !
Leur

ROSE, *poussant un grand cri et se levant.*
Ah ! j' sens un chat...
Ou comme un rat...
Qué bête familière !
        Tout le monde s'est levé en poussant un cri.
LERAT *sortant de dessous la table, une lisière de drap à la main.*
Enfant gâté
D' la société,
Moi, j'ai pris la jarr'tière !
                    (*Les hommes le poursuivent.*)
TOUS.
Air : *de la Catacoua.*
J'en veux ! j'en veux !

LERAT.
Au plus ingambe !
BASTRINGUETTE, *prenant des rubans attachés à son pied et les montrant.*
Mais non !... ma jarr'tière, la voilà !
ROSE.
C'est la mienn' ! c'est d'après ma jambe,
Vieux, qu' vous avez décroché ça !

TOUS *riant.*
Ah ! ah ! ah !

ROSE.
C'est flatteur pour moi !
LERAT, *stupéfait.*
Vrai ! ma chère ?
ROSE.
J' sentais monter à pas de loup !...
J'ai dû fuir, ou
J' crois que c' vieux fou
Aurait grimpé comm' ça je ne sais où !...
Monsieur, ou peut prendre une jarr'tière,
Mais il n' faut pas s' tromper de g'non !
                (*On entend sonner minuit.*)
TOUS, *se moquant de Lerat.*
Ah ! ah ! ah !

TOUS.
Minuit ! v'là minuit ! *

* La mère Brisemiche, Liche-à-mort, Lerat, Gobichou, Endymion, Bastringuette, Rose.

GOBICHON.

Air : *du Canal Saint-Martin* (de P. Henrion).

Enfants, il faut partir, du travail c'est l'instant !

Paris va se coucher...

ENDYMION *soupirant.*

J' voudrais en faire autant !

TOUS

Du travail c'est l'instant !

Partons, amis, du travail c'est l'instant !

LICHE-A-MORT.

Allons, faut du courage !

Qu' chacun r'prenn' son pal'tot !

(Ils remontent ; Bastringuette et Endymion restent seuls, sur le devant de
la scène.)

BASTRINGUETTE.

Ah ! c'est vraiment dommage

De se quitter sitôt !...

GOBICHON.

Cherchons tous, par la ville,

C' que l' bon Dieu nous donn'ra !

MANETTE *entrant essoufflée, des billets de banque à la main.*

Les mariés ! Bastringuette ! Endymion ! (*A Gobichon.*

Suite du chant.

Vous seriez bien habile

Si vous trouviez mieux que ça** !...

TOUS.

Ça ! Qu'est-ce que c'est ?

ENDYMION et BASTRINGUETTE.

Des billets d' banque !

TOUS.

Air : *Vive le vin de Ramponneau.*

Des billets d' banque !!!

MANETTE.

Oui, c'est un don

Qu'en s' cret on vous envoie.

Elle remonte.

ENDYMION.

J'en mourrai d' joie !

LICHE-A-MORT, *voulant les prendre.*

Voyons, garçon !...

J'te les gard'rai... donn'-les-moi donc !

ENDYMION et BASTRINGUETTE.

Non !

Endymion compte les billets, tous le suivent de l'œil avidement.

** La mère Brisemiche, Liche-à-mort, Lerat, Gobichon, Manette Endymion, Bastringuette, Rose.

ROSE, *passant près de Bastringuette* *.
C'est p't-être les Girardot
Qui vous font ce cadeau.

GOBICHON.
Quel magot!

LICHE-A-MORT.
Quell' carotte!

BASTRINGUETTE, *à part.*
Ce pauvr' Tristan, je le voi,
Pensait encore à moi!

ENDYMION, *et tous les autres, après avoir compté les billets.*
Vingt!

ENDYMION, *délirant.*
Au diable crochet et hotte!
Avec mes fonds
J'achète un fonds!

BASTRINGUETTE.
Plus d' chiffons!
J' suis rentière!

LICHE-A-MORT.
La nuit entière
Nous boirons!

GOBICHON.
Et nous partirons
Quand nous s'rons

TOUS.
Ronds!...

GOBICHON.
AIR : *Ronde de l'Ile d'Amour.* (P. Henrion.)
Maint'nant
C'est l'instant
Que le bal commence!
Chiffonnier galant,
Allons, en avant!
C'est le vrai moment
Pour la contredanse!
Que tout l' tremblement
Se mette en mouv'ment!
Dansons décemment!

TOUS.
Houp là! houp là!

LERAT.
Et conv'nablement!

TOUS.
Houp là! houp là!

LICHE A-MORT.
Que tout l' tremblement...

* La mère Brisemiche, Lerat, Liche-à-mort, Endymion, Rose, Bastringuette, Manette.

TOUS.

Houp là ! houp là !

LICHE-A-MORT.

Se mette en mouv'ment
Amoureus'ment.

TOUS.

La la, larifla,
Houp là ! houp là !
La la, larifla !
Houp là ! houp là !
On danse sur le refrain, entre les couplets.

VAUDEVILLE FINAL.

LERAT.

Suite de l'air.

Cherchez, vous trouv'rez, c'est l'usage,
Chacun dans ce monde a son crochet ;
Mais, hélas ! en fait d' mariage,
Trouv'-t-on toujours c' que l'on cherchait !

TOUS.

La la, larifla !
Houp là, houp là !

ROSE.

Un malin cherchait un' comète :
Pendant qu'il regardait là-bas,
On lui flanqu' quequ'chos' sur la tête...
V'là c' qu'on trouve et c' qu'on n' cherchait pas.

TOUS.

La, la, larifla, etc.

LICHE-A-MORT.

L' moyen d' danser sans craindr' la garde,
De manger toujours sans crever,
De toujours boir' sans qu'on s' pocharde,
V'là c' que j' n'ai jamais pu trouver !

TOUS.

La la, larifla, etc.

GOBICHON.

Sans vouloir dir' des chos's trop dures,
Si chacun vidait son panier,
On n' trouv'rait pas tout's les ordures
Dans la hotte du chiffonnier !

TOUS.

La la, larifla, etc.

ENDYMION.

On m' cherche un couplet qui fass' rire...
Depuis six s'main's, on y a rêvé !...
J' vous donn' ma parol' de vous l' dire
Dès qu' les auteurs l'auront trouvé.

TOUS.

La la, larifla, etc.

BASTRINGUETTE, *au public.*

L' Palais-royal, qui toujours trotte
A la r'cherch' de nouveaux sujets,
Ce soir, pour sa petite hotte,
Voudrait accrocher un succès !
    Pour en venir là,
      Houp là ! (*bis*).
    En rout' nous voilà...
      Houp là ! (*bis*).
    Aidez–nous, comm' ça...
      Houp là ! (*bis*).

Geste d'applaudir.

    Et ce succès là
      On l'accroch'ra !

TOUS.

Pour en venir là, etc.

FIN.

Imprimerie Dondey-Dupré, rue Saint-Louis, 46, au Marais.